FILOSOFIA FELINA

JOHN GRAY
FILOSOFIA FELINA
os gatos e o sentido da vida

TRADUÇÃO DE
ALBERTO FLAKSMAN

1ª edição

EDITORA RECORD
RIO DE JANEIRO • SÃO PAULO
2022

CIP-BRASIL. CATALOGAÇÃO NA PUBLICAÇÃO
SINDICATO NACIONAL DOS EDITORES DE LIVROS, RJ

G82f   Gray, John.
     Filosofia felina: os gatos e o sentido da vida / John Gray; tradução
Alberto Flaksman. – 1. ed. – Rio de Janeiro: Record, 2022.

     Tradução de: Feline philosophy: cats and the meaning of life
     ISBN 978-65-5587-495-2

     1. Animais (Filosofia). 2. Gatos - Miscelânea. 3. Vida. I. Flaksman,
Alberto. II. Título.

                           CDD: 179.3
22-77780   CDU: 179.3

Gabriela Faray Ferreira Lopes – Bibliotecária – CRB-7/6643

Copyright © John Gray, 2020

Título original em inglês: Feline philosophy: cats and the meaning of life

Todos os direitos reservados. Proibida a reprodução, armazenamento ou transmissão
de partes deste livro, através de quaisquer meios, sem prévia autorização por escrito.

Texto revisado segundo o novo Acordo Ortográfico da Língua Portuguesa.

Direitos exclusivos de publicação em língua portuguesa para o Brasil
adquiridos pela
EDITORA RECORD LTDA.
Rua Argentina, 171 – 20921-380 – Rio de Janeiro, RJ – Tel.: (21) 2585-2000,
que se reserva a propriedade literária desta tradução.

Impresso no Brasil

ISBN 978-65-5587-495-2

Seja um leitor preferencial Record.
Cadastre-se em www.record.com.br
e receba informações sobre nossos
lançamentos e nossas promoções.

Atendimento e venda direta ao leitor:
sac@record.com.br

Sumário

1. Os gatos e a filosofia	7
Um antifilósofo amante dos gatos: Michel de Montaigne	12
A jornada de Mèo	15
Como os gatos domesticaram os humanos	23
2. Por que os gatos não lutam para serem felizes	33
Quando os filósofos discorrem sobre a felicidade	34
Pascal e a diversão	40
Hodge e a Queda	47
3. A ética felina	55
A moralidade, uma norma muito peculiar	55
Spinoza sobre a vida de acordo com sua natureza	57
Egoísmo altruísta	69
4. Amor humano *versus* amor felino	79
O triunfo de Saha	79
A maior presa de Ming	82
Amando Lily	88
Gattino desaparece	92
5. O tempo, a morte e a alma felina	101
O adeus de Muri	101
A civilização como negação da morte	105
Os gatos como deuses	112
6. Os gatos e o sentido da vida	119
A natureza felina, a natureza humana	120
Dez sugestões felinas para viver bem	122
Mèo no parapeito da janela	125
Agradecimentos	127
Notas	129

1

Os gatos e a filosofia

Um filósofo certa vez me garantiu que tinha convencido seu gato a tornar-se vegano. Achei que ele estava brincando e perguntei como havia conseguido esse feito. Ele tinha oferecido ao gato petiscos veganos com sabor de rato? Ele havia apresentado seu gato a outros gatos que já eram veganos praticantes e que serviriam de modelo? Ou ele conversou com o gato e o convenceu de que é errado comer carne? Meu interlocutor não achou nada engraçado. Percebi que de fato acreditava que o gato decidira seguir uma dieta sem carne. Terminei então nossa conversa com uma pergunta: o gato tinha saído de casa? Sim, ele saiu, disse-me o filósofo. O mistério estava resolvido. Estava claro que o gato se alimentava graças às suas visitas a outras casas, e também caçava. Se ele trazia algum cadáver de volta para casa — uma prática à qual infelizmente tendem os gatos desprovidos de ética —, o filósofo virtuoso dera um jeito de não notar sua existência.

Não é difícil imaginar como o gato que foi submetido a esse experimento em educação moral deve ter avaliado seu professor humano. À perplexidade diante do comportamento do filósofo, deve ter se seguido o desinteresse. Os gatos são ultrarrealistas e raramente fazem algo que não tenha um objetivo definido ou não produza um prazer imediato. Confrontados com a tolice humana, eles simplesmente se afastam.

O filósofo que acreditava ter persuadido o gato a adotar uma alimentação isenta de carne mostrou apenas como os filósofos podem ser parvos. Em vez de tentar ensinar ao seu gato, ele teria sido mais esperto se tivesse tentado aprender com ele. Os humanos não podem se transformar em gatos. Mas, se abandonassem a ideia de que são seres superiores, poderiam entender como os gatos conseguem desenvolver-se sem se questionar ansiosamente a respeito da melhor maneira de viver.

Os gatos não precisam da filosofia. Obedientes à sua natureza, eles se contentam com a vida que esta lhes oferece. Nos humanos, pelo contrário, o descontentamento com a própria natureza parece natural. O animal humano nunca desiste de tentar ser algo que não é, o que conduz a resultados previsivelmente cômicos ou trágicos. Os gatos não fazem nenhum esforço nesse sentido. Grande parte da vida humana é consumida na busca pela felicidade. Já entre os gatos, a felicidade é seu estado natural, desde que não haja ameaças ao seu bem-estar. Talvez seja essa a razão principal pela qual muitos de nós amam os gatos. Eles detêm o direito inato à felicidade que os humanos geralmente fracassam em sentir.

A fonte da filosofia é a ansiedade, e os gatos não sofrem de ansiedade, a menos que sejam ameaçados ou se encontrem num lugar desconhecido. Para os humanos, o mundo em si é um lugar ameaçador e estranho. As religiões são uma tentativa de transformar um universo desumano num lugar habitável. Os filósofos têm frequentemente repudiado essas crenças, considerando-as muito inferiores às suas próprias especulações metafísicas, mas a religião e a filosofia têm a mesma finalidade.[1] Ambas tentam atenuar a inquietação permanente que afeta os seres humanos.

As pessoas comuns dirão que a razão pela qual os gatos não produzem filosofia é que lhes falta a capacidade de pensamento abstrato. Mas é possível imaginar uma espécie de felinos que teria essa habilidade, ao mesmo tempo que mantém a tranquilidade com a qual eles vivem neste mundo. Se esses gatos se interessassem por filosofia, seria como um ramo divertido de ficção fantástica. Mais do que considerá-la um alívio para a ansiedade, esses filósofos felinos se envolveriam com ela como se fosse um jogo.

Em vez de ser um sinal da sua inferioridade, a falta de pensamento abstrato entre os gatos é uma prova da sua liberdade mental. Pensar em generalidades descamba facilmente para uma fé supersticiosa na linguagem. Uma boa parte da história da filosofia consiste no culto a ficções linguísticas. Confiar no que eles podem tocar, cheirar e ver permite aos gatos não serem governados por palavras.

A filosofia é a prova da fragilidade da mente humana. Os humanos filosofam por idêntica razão pela qual rezam. Eles sabem que o sentido que atribuíram à sua vida é frágil, e vivem com medo da sua destruição. A morte é a ruptura final do sentido, já que ela assinala o final de qualquer história que eles contaram para si mesmos. Então os humanos imaginam que haverá uma vida além do corpo, num mundo fora do tempo, e que sua história continuará nessa outra dimensão.

Ao longo da maior parte da sua história, a filosofia tem consistido na busca de verdades que sejam uma prova contra a mortalidade. A doutrina de Platão sobre as formas — ideias imutáveis que existem num reino eterno — era uma visão mística na qual os valores humanos seriam protegidos contra a morte. Os gatos não precisam desse tipo de fantasia porque não pensam na morte — embora pareçam saber muito bem quando é hora de morrer. Mesmo se eles pudessem compreendê-la, não teriam nada a aprender com a filosofia.

Alguns filósofos admitiram que é possível aprender alguma coisa com os gatos. O filósofo alemão novecentista Arthur Schopenhauer (nascido em 1788) ficou famoso por seu amor aos cães da raça poodle, dos quais teve vários exemplares durante seus últimos anos de vida, chamando-os sempre pelos mesmos nomes — Atma e Butz. Ele também teve pelo menos um companheiro felino. Quando morreu de insuficiência cardíaca em 1860, foi encontrado em casa em seu sofá, ao lado de um gato desconhecido.

Schopenhauer usou seus animais de estimação para apoiar sua teoria de que a individualidade é uma ilusão. Os humanos costumam imaginar que os gatos são indivíduos independentes, como eles mesmos; mas ele acreditava que isso é um erro, uma vez que tanto uns como os outros são casos de uma forma platônica, um arquétipo que ressurge em muitos exemplos diferentes. Em última análise, cada um desses indivíduos aparentes é a corporificação efêmera de algo mais fundamental — da eterna vontade de viver, a qual, segundo Schopenhauer, é a única coisa que realmente existe.

Ele expôs sua teoria na obra *O mundo como vontade e representação*:

> Sei muito bem que qualquer um me chamaria de louco se eu afirmasse seriamente que o gato que está brincando agora no quintal é o mesmo que deu saltos e fez travessuras idênticas, no mesmo lugar, há trezentos anos; mas também sei que é muito mais absurdo imaginar que o gato de hoje é inteira e fundamentalmente diferente do gato de trezentos anos atrás [...]. De certo modo, é evidentemente verdadeiro que cada indivíduo aparece diante de nós como um ser diferente [...]. Mas, por outro lado, não é verdade, no sentido em que a realidade encontra-se apenas nas formas permanentes das coisas, nas Ideias, o que era tão óbvio para Platão que se tornou a base do seu pensamento.[2]

A visão de Schopenhauer, dos gatos como sombras fugazes de um Felino Eterno, tem um certo encanto. Entretanto, quando penso

Os gatos e a filosofia

11

nos gatos que conheci, o que me vem à mente em primeiro lugar não são seus traços comuns, mas as diferenças entre eles. Alguns gatos são contemplativos e tranquilos, outros, intensamente brincalhões; alguns são cuidadosos, outros, ousadamente aventureiros; alguns são calmos e pacíficos, outros, barulhentos e altamente assertivos. Cada um tem seus gostos, hábitos e individualidade próprios.

Os gatos têm uma natureza que os diferencia de outras criaturas — particularmente de nós mesmos. A natureza dos gatos, e o que podemos aprender com ela, é o tema deste livro. Mas ninguém que conviveu com gatos pode percebê-los como ocorrências intercambiáveis de um único tipo. Cada um deles é um caso singular, e mais claramente um indivíduo do que muitos seres humanos.

Ainda assim, Schopenhauer era mais humano, em sua visão dos animais, do que outros grandes filósofos. René Descartes (1596-1650), segundo consta, jogou um gato pela janela para provar a ausência de consciência em animais não humanos; seus gritos de terror eram reações mecânicas, ele concluiu. Descartes também fez experimentos com cães, chicoteando um deles enquanto um violino estava sendo tocado, para descobrir se o som de um violino provocaria medo mais tarde no animal, o que de fato aconteceu.

Descartes criou a expressão "Penso, logo existo". A inferência era que os seres humanos são essencialmente intelectos, e só acidentalmente organismos físicos. Ele queria que sua filosofia fosse baseada na dúvida metódica. Mas não lhe ocorreu colocar em dúvida a ortodoxia cristã que negava a existência de alma nos animais, o que ele confirmou com sua filosofia racionalista. Descartes acreditava que seus experimentos provavam que os animais não humanos eram máquinas insensíveis; o que eles demonstravam, na verdade, é que os humanos podem ser mais irracionais do que qualquer outro animal.

O pensamento consciente pode surgir em muitos seres vivos. Se um ramo da seleção natural acabou nos humanos, um outro levou aos polvos. Não aconteceu nada predeterminado em nenhum desses casos. A evolução não caminha em direção a formas de vida cada vez mais conscientes. A consciência apareceu por acaso, e aparece e desaparece nos organismos que a possuem.[3] Os transumanistas do século XXI acreditam que a evolução está avançando rumo a uma mente cósmica inteiramente autoconsciente. Ideias como esta têm sua origem na teosofia, no ocultismo e no espiritualismo do século XIX.[4] Nenhuma delas se baseia na teoria de Darwin. A consciência dos humanos pode ser um acaso feliz único.[5]

Esta parece ser uma triste conclusão. Mas por que a consciência deveria ser o valor mais alto? A consciência tem sido superestimada. Um mundo de luz e sombra, que produz de forma intermitente criaturas que são parcialmente conscientes, é mais interessante e atraente para se viver do que um mundo aquecido pelo fulgor constante do seu próprio reflexo.

Quando voltada para si mesma, a consciência torna-se um obstáculo para uma vida agradável. A consciência de si mesma dividiu a mente humana, numa tentativa incessante de obrigar a parte que não é acessível à consciência a ter experiências dolorosas. A dor oculta se inflama com questões sobre o sentido da vida. A mente felina, por outro lado, é uma e indivisível. A dor é sentida e esquecida, e a alegria de viver volta. Os gatos não sentem necessidade de questionar a própria vida, porque têm certeza de que ela vale a pena ser vivida. A consciência humana produziu uma inquietação permanente que a filosofia tem tentado curar em vão.

UM ANTIFILÓSOFO AMANTE DOS GATOS: MICHEL DE MONTAIGNE

Michel de Montaigne (1533-92) revelou um melhor conhecimento dos gatos e dos limites da filosofia ao escrever: "Quando brinco com minha gata, como sei se não é ela que está passando seu tempo comigo, e não eu com ela?"[6]

Montaigne costuma ser descrito como um dos fundadores do humanismo moderno — uma corrente de pensamento que tem por objetivo deixar para trás qualquer ideia sobre Deus. Na verdade, ele era tão cético a respeito da humanidade quanto sobre Deus. "O homem é, entre todas as criaturas, a mais deficiente e fraca", escreveu ele, "e, além disso, a mais afetada pelo orgulho". Estudando as filosofias do passado, ele não encontrou nenhuma que pudesse substituir o conhecimento que os animais têm naturalmente sobre como viver. "Eles devem achar que somos animais grosseiros, pela mesma razão segundo a qual nós achamos que eles é que são."[7] Os outros animais são superiores aos seres humanos porque têm uma compreensão inata de como viver. Neste ponto, Montaigne se separou da crença cristã e das principais tradições da filosofia ocidental.

Ser um cético, na época de Montaigne, era arriscado. A França, assim como outros países europeus, estava destroçada por guerras religiosas. Montaigne foi envolvido nelas quando, a exemplo de seu pai, tornou-se prefeito de Bordéus, e continuou atuando como mediador entre os católicos e seus inimigos protestantes depois que se retirou da vida pública para viver em seu escritório, em 1570. A linhagem familiar de Montaigne incluía marranos — judeus de origem ibérica que foram forçados a se converter ao catolicismo para não serem perseguidos pela Inquisição. Quando ele escreveu em apoio à Igreja Católica, podia estar se protegendo contra a repressão sofrida por seus antepassados. Ao mesmo tempo, ele faz parte de uma tradição de pensadores que permaneceram abertos à fé porque punham em dúvida a razão.

O antigo ceticismo grego foi redescoberto na Europa no século XV. Montaigne foi influenciado pelo seu ramo mais radical, o pirronismo, cujo nome deriva de Pirro de Élis (c. 360-c.270 a.C.), que viajou com o exército de Alexandre, o Grande, até a Índia, onde aparentemente estudou com os gimnosofistas ("sábios nus") ou yogis. É possível que Pirro tenha importado desses sábios a ideia de que o objetivo da filosofia era a *ataraxia*, um termo que significa um estado de tranquilidade e que ele pode ter sido o primeiro a usar. Ao suspender as crenças e descrenças, o filósofo cético poderia manter-se a salvo de perturbações interiores.

Montaigne aprendeu muito com o pirronismo. Ele decorou as vigas da torre onde se refugiou na velhice com citações de um seguidor de Pirro, o médico e filósofo Sexto Empírico (c.160-c.210 d.C.), autor de *Esboços do pirronismo*, no qual o ceticismo foi resumido da seguinte forma:

> O princípio causal do ceticismo é, como dizemos, a esperança de atingir a tranquilidade. Homens de talento, perturbados pela anormalidade das coisas e na dúvida sobre quais delas deveriam admitir, começaram a pesquisar o que é verdadeiro e o que é falso, achando que do momento em que resolvessem essas questões ficariam tranquilos.[8]

Mas Montaigne questionou se a filosofia, mesmo a do tipo pirrônico, poderia aliviar a mente humana do tormento. Em muitos dos seus ensaios — um termo que Montaigne inventou, a partir da palavra francesa *essais*, que significa "tentativas" ou "experiências" — ele usou o pirronismo para apoiar a fé.

Segundo Pirro, não se pode saber nada. Como escreveu Montaigne: "Há uma praga no Homem: sua ideia de que sabe alguma coisa."[9] Os discípulos de Pirro foram ensinados a viver confiando na natureza mais do que em qualquer demonstração ou princípio. Mas, se a razão é impotente, por que não aceitar os mistérios da religião?

Todas as três principais escolas filosóficas do antigo mundo europeu — estoicismo, epicurismo e ceticismo — tinham como objetivo um estado de tranquilidade. A filosofia era um calmante que, se tomado regularmente, produziria a *ataraxia*. O propósito da filosofia era a paz. Montaigne não cultivava essa esperança: "Todos os filósofos de todas as seitas estão, em geral, de acordo sobre um ponto: que o maior de todos os bens consiste na calma da mente e do corpo. Mas onde podemos encontrá-la? [...] Da nossa parte, fomos contemplados com vento e fumaça."[10]

Mais cético do que o pirronista mais radical, Montaigne não acreditava que filosofar pudesse curar a inquietação humana. A filosofia era útil sobretudo para curar as pessoas da filosofia. Assim como Ludwig Wittgenstein (1889-1951), ele reconhecia que a linguagem cotidiana está coalhada de resíduos de antigos sistemas metafísicos.[11] Ao revelar esses restos e reconhecer que as realidades que eles descrevem são de fato ficções, poderíamos pensar com maior flexibilidade. Doses pequenas desse remédio homeopático contra a filosofia — uma antifilosofia, se podemos chamá-la assim — nos aproximariam dos outros animais. Poderíamos então aprender alguma coisa com criaturas que os filósofos consideraram inferiores a nós.

Uma antifilosofia desse tipo não começaria com demonstrações, mas com uma história.

A JORNADA DE MÈO

O gato entrou no aposento como uma silhueta, uma pequena forma negra enquadrada contra a luz forte que vinha da porta. Lá fora, havia uma guerra violenta em curso. Estávamos na cidade vietnamita de Hué, em fevereiro de 1968, no início da ofensiva do Tet, a campanha militar norte-vietnamita contra o exército estadunidense e seus aliados sul-vietnamitas que levaria à saída dos Estados Unidos do país cinco anos depois. Em *The Cat from Hué* [O gato de Hué], uma das grandes narrativas sobre a experiência humana da guerra, o jornalista John (Jack) Laurence, do canal CBS, descreveu a cidade:

> Hué era uma praça de guerra de grande ferocidade. Neste caso, era uma luta urbana entre duas tribos compostas em grande parte de adolescentes armados, ambas desconhecedoras do território e decididas a ocupá-lo, uma briga de rua de ação rápida e implacavelmente sangrenta. Não havia regras. Vidas eram exterminadas sem pensar duas vezes — extintas, abatidas, apagadas [...] No final, a gangue mais poderosa e violenta expulsou a outra e ficou com o que havia sobrado. Os perdedores recuaram com seus feridos e sobreviveram até a luta do dia seguinte. Os vencedores ganharam as ruínas. Foi o que aconteceu em Hué.[12]

À medida que avançava para dentro do aposento, a forma escura se tornou um gatinho com cerca de oito semanas, pequeno o bastante para caber na mão de Laurence. Magro e sujo, com o pelo opaco e gorduroso, o gato farejou o ar, sentindo o cheiro da comida enlatada fornecida pelo exército que o jornalista norte-americano estava comendo. O jornalista tentou falar em vietnamita com o gato, que olhou para ele como se fosse um maluco. Ele ofereceu um pouco da comida, da qual o gato se aproximou com cautela e na qual não tocou. O norte-americano saiu, deixando a comida para trás, e voltou no dia seguinte. O gato surgiu na porta, olhou em volta e andou em sua direção, farejando sua mão, enquanto o jornalista esticava os dedos. Tudo o que ele tinha para comer era uma lata na qual estava escrito "carne fatiada", que ele abriu e

Os gatos e a filosofia 17

ofereceu com seus dedos. O gato comeu vorazmente, engolindo as fatias de carne assada sem mastigá-las. Então o norte-americano pegou uma toalha, molhou-a com água do seu cantil, segurou o gato pelos ombros e limpou suas orelhas, das quais tirou pulgas e sujeira, depois limpou a boca e os bigodes. O gato não resistiu e, quando a limpeza acabou, lambeu o pelo das patas dianteiras e esfregou o rosto. Isto feito, chegou mais perto do norte-americano e lambeu as costas da sua mão.

Chegou um jipe e Jack se deu conta de que estava voltando para casa. Ele pôs o gato no bolso e iniciou uma jornada de companheirismo que os levou de helicóptero de Hué até Danang, onde o gato — agora chamado Mèo — passou a viver no alojamento da imprensa, comendo quatro ou cinco boas refeições por dia. Durante a viagem, Mèo rasgou o tecido do casaco de Jack e quase escapou, explorou a cabine e subiu nos cintos de segurança dos pilotos. Depois foram para Saigon, para onde Mèo viajou, miando o tempo todo, fechado numa caixa de papelão da qual não tinha como fugir e passear pelo avião, junto com seu cobertor e brinquedos. Eles ficaram juntos num hotel, onde Mèo tomou um banho depois de ter resistido bravamente. Seu pelo aparentemente preto era um disfarce involuntário, do qual ele surgiu como um gato siamês mestiço e branco, com olhos azuis brilhantes.

Mèo era alimentado regularmente no hotel — quatro refeições por dia de sobras de cabeças de peixe e arroz vindos da cozinha — e ainda assim fazia incursões nos outros quartos à procura de algo mais para comer. Ele saltava sobre o parapeito da janela do quarto de hotel e ficava lá durante horas, totalmente alerta porém quase imóvel, seguindo com o olhar o movimento das pessoas, das luzes e dos veículos. Os jornalistas norte-americanos envolvidos na guerra aprenderam a suportá-la se drogando, bebendo juntos e caindo de bêbados, antes de serem despertados por pesadelos. Às vezes, eles voltavam para casa para ter uma folga, mas a guerra ia junto e ainda lhes perturbava o sono. Mèo, pelo seu lado, "parecia entender melhor o que estava acontecendo do que qualquer um de nós, forasteiros [...]. E isso lhe conferia liberdade, mesmo estando confinado. Sentado junto à janela aberta [...] envolvido por uma fina névoa de fumaça de cigarros, os olhos de Mèo eram tão profundos, azuis e misteriosos quanto o mar da China Meridional".[13]

Mèo dormia num abrigo que ele mesmo arrumou, uma embalagem de papelão na qual abriu, com seus dentes, um buraco grande o suficiente para que pudesse entrar — um trabalho que levou uma semana. Ele dominou os doze ou mais gatos selvagens que circulavam pela área do hotel, os quais passaram a evitá-lo. E se servia do jardim e dos quartos como área de caça, onde pegava e comia lagartos, pombos, insetos, cobras e talvez até um pavão que desapareceu misteriosamente. Com seus dentes agora tão afiados quanto adagas, ele era "o pequeno caçador branco, um assassino natural, sempre alerta para uma emboscada".[14] Com exceção dos empregados do hotel que vinham alimentá-lo, ele demonstrava hostilidade em relação a qualquer pessoa que entrasse no quarto, particularmente se fossem norte-americanos. "Ele parecia ser ressentido contra a humanidade [...]. Retirado e isolado, hostil em relação a todos menos os vietnamitas, ele era um animal malvado e selvagem, um gato excepcionalmente profundo e inescrutável."[15]

Ele não sentia medo e nunca era apanhado quando entrava em outros quartos. Jack acabou vendo nele uma reencarnação de Sun Tzu, o autor de *A arte da guerra*, "Inteligente, corajoso, esperto, feroz [...] uma versão vietcongue do guerreiro-filósofo chinês, no corpo de um gato [...]. Ainda não inteiramente crescido, ele era resistente, independente e irascível. Aguerrido e sereno. Um guerreiro zen com pelagem branca [...] a ousadia era parte do seu charme [...]. Caminhando ao longo do ressalto da fachada do hotel, atacando animais maiores que ele, preparando armadilhas com astúcia maldosa, ele arriscava a própria vida com a tranquilidade daqueles que se acham invencíveis [...]. Nunca ficava nervoso e nunca desperdiçava energia. Seus movimentos eram fluidos, ilimitados."[16]

Quando adotou Mèo, Jack sentiu que estava celebrando a vida numa situação na qual ela estava sendo destruída numa escala gigantesca:

> Ao dar comida e abrigo para o gato, eu estava assegurando uma vida, por menor e mais insignificante que fosse, em meio à matança. Não foi consciente. Sendo jovem, eu não refletia sobre minhas motivações para agir. Parecia, naquela época, que eu estava fazendo a coisa certa. Embora Mèo e eu nos víssemos como inimigos, acabamos dependendo um do outro de forma curiosa, só por estarmos próximos, uma forma de segurança na adversidade. Quando voltei para o quarto depois de uma viagem e o escutei se mexendo em seu abrigo ou bebendo água da torneira no banheiro ou derrubando alguma coisa de cima da escrivaninha, me senti como se estivesse novamente em casa, no meu lugar, sentindo-me seguro. Os ataques contra mim sem provocações tornaram-se menos frequentes, menos ferozes, mais como um ritual. Ao vivermos juntos em Hué, certamente criamos um laço. Cuidar dele me deu um pequeno objetivo além de escrever sobre a miséria o tempo todo.[17]

Quando voltou para casa, em 1968, Jack despachou Mèo como bagagem acompanhada num voo noturno. Se Mèo tivesse ficado em Saigon, certamente seria mais um dos incontáveis animais mortos durante a guerra — o número desconhecido de cachorros, macacos, búfalos, elefantes, tigres e outros felinos que foram mortos ao longo do conflito. Se os vietcongues fizessem uma nova ofensiva, a comida

20 FILOSOFIA FELINA

faltaria. Mèo poderia terminar numa panela. Jack o levou então ao zoológico de Saigon, quase vazio depois que muitos animais tinham morrido de fome durante os últimos combates e poucos visitantes ainda apareciam. Foi lá que Mèo recebeu as injeções necessárias para que pudesse receber o certificado de que estava apto a viajar. Alguns dias depois, ele fez a viagem de 36 horas, berrando e arranhando, até Nova York. Quando Jack o recuperou e o soltou em seu carro, ele pulou para o painel e agarrou-se em seu ombro, farejando tudo e observando o tráfego. Ao chegar à casa da mãe de Jack, em Connecticut, ele comeu uma lata inteira de atum americano.

Mèo adaptou-se bem ao seu novo lar, espantando os outros gatos, caçando e atacando os adultos desconhecidos, embora brincasse sem problemas com as crianças da vizinhança. A casa, por sua vez, adaptou-se a Mèo. Ele morria de medo do barulho do aspirador, que possivelmente lembrava a ele um tanque ou um avião, de modo que o aparelho nunca era usado quando ele estava por perto. Depois que Mèo a atacou, a empregada doméstica pediu demissão. Quando ele desapareceu, a mãe de Jack o procurou por vários dias até que ele foi descoberto dentro de uma caixa, na garagem, para onde tinha se esgueirado depois de um grave acidente de trânsito.

O veterinário não ficou muito otimista. O ombro de Mèo tinha sido estilhaçado e ele necessitava de uma cirurgia cara no hospital veterinário. Mas, passadas seis semanas no hospital, ele voltou para a casa da mãe de Jack, onde revisitou seus lugares favoritos e retomou sua vida de subir nas árvores, dormir ao sol e caçar. Sua recuperação continuou até que ele teve uma crise de pneumonia cujos sintomas eram espirros violentos e falta de interesse pela comida. Mèo voltou ao hospital e lá ficou mais três semanas. Petiscos proibidos eram contrabandeados para ele, e a equipe médica o mimava. Desta vez, ele voltou cheio de saúde, mas adquiriu o hábito de espirrar pelo resto da vida.

Os gatos e a filosofia

Uma vez recuperado, Mèo deixou Connecticut para morar com Jack no apartamento de um quarto, alugado em um prédio antigo em Manhattan, que ele dividia com sua companheira Joy. Jack voltou ao Vietnã em 1970, onde ficou por um mês. Mèo parecia sentir sua falta. Quando ele voltou, Mèo não prestou atenção nele. Farejou a bagagem de Jack de perto, como se ela o fizesse lembrar de alguma coisa. Jack lhe deu um brinquedo que trouxe de Saigon, mas Mèo o ignorou, foi para seu abrigo e ficou lá até o fim da tarde. Mas Joy contou a Jack que, quando a noite chegou, Mèo subiu na cama, sentou perto da cabeça de Jack e ficou olhando para o rosto dele durante horas, enquanto ele dormia.

De volta aos Estados Unidos, Jack se lembrava com nervosismo e horror da sua temporada no Vietnã. Ele atenuava seus pesadelos com drogas e álcool. No início dos anos 1970, Nova York estava ficando perigosa e, por vezes, ele tinha a impressão de estar novamente numa zona de guerra. Quando surgiu a oportunidade de um emprego em Londres, Jack se candidatou. Mèo foi com Jack e Joy para a capital inglesa, onde o casal teve duas filhas. Ele teve que ficar seis meses em quarentena, uma prova que jamais esqueceu ou perdoou, apesar de Jack e Joy terem ido visitá-lo com frequência. Quando Mèo voltou a viver com eles, estava ainda mais selvagem do que antes, circulando raivoso no seu apartamento londrino. Quando dormia, ele às vezes enrijecia e tremia, "como se [...] estivesse lutando com fantasmas".[18]

Depois de um tempo, Mèo se acalmou e passou a viver com conforto e em segurança com Jack, Joy e suas duas filhinhas. Uma das filhas de Jack, Jessica, dava petiscos a Mèo entre as refeições, e Mèo passou a dormir com ela durante a noite. Já tratando Jack como um velho amigo, Mèo lambia gotas de uísque dos seus dedos tarde da noite, e depois ia dormir ao mesmo tempo que ele. Mèo viveu até 1983, quando um segundo acesso de pneumonia lhe foi fatal. Jack achava que Mèo teria preferido viver num clima mais quente. Foi o clima inglês que acabou com ele.

22 FILOSOFIA FELINA

Ele se lembrava de Mèo, sozinho, à noite, passeando pelos fundos do apartamento, emitindo um choro que era diferente de qualquer outro som que ele fazia, diferente de qualquer som que eu tinha ouvido outro animal fazer. Parecia o chamado de um animal retirado da natureza selvagem, ou do seu lar, ou afastado da sua família. Era mais como uma lamúria, um longo e poderoso uivo, não um grito ou um miado ou o pranto usual de um gato, mas um chamado vindo da parte mais profunda da sua alma, um lamento da floresta. A única vez que Mèo chorou dessa maneira foi quando a casa estava silenciosa, quando todos pareciam dormir e ele se sentiu sozinho. Foi um chamado para ninguém, para ele mesmo.[19]

Enquanto Mèo fazia sua intrépida viagem pelo mundo, a humanidade continuava em sua marcha aleatória. Pouco depois de ter deixado o Vietnã, a bela e antiga cidade de Hué foi totalmente arrasada. Comentário de um major estadunidense a um jornalista: "Era necessário destruir a cidade para salvá-la." No que ficou conhecido como "o massacre de Hué", o exército norte-vietnamita matou milhares de habitantes (o número exato é desconhecido). Os norte-americanos usaram o desfoliante agente laranja, destruindo florestas — habitat de inúmeras espécies de animais — e provocando mutações genéticas nos seres humanos. Mais de 58 mil soldados norte-americanos morreram no conflito. Cerca de 2 milhões de civis vietnamitas foram mortos. O número de feridos, mutilados e traumatizados é enorme.

Mèo viveu sua vida impetuosa e feliz através da fumaça e do vendaval da história. Arrancado do seu lar pela loucura humana, ele floresceu onde quer que se encontrasse.

Jack escreveu:

> Acho que chegamos ao ponto de respeitarmos as habilidades de cada um para sobreviver. Não havia dúvida de que o número limitado de vidas que lhe tinha sido conce-

dido já tinha se esgotado havia muito tempo, e que cada novo dia em que ele permanecia vivo era um prêmio. Ele parecia ser sábio. Ele sabia. Nós ficamos amigos. Nossa longa história de amor e ódio simbolizou de alguma forma a relação entre nossos países, encharcados com o sangue um do outro, presos num abraço inseparável de vida, sofrimento e morte.[20]

COMO OS GATOS DOMESTICARAM OS HUMANOS

Em nenhum momento os gatos foram domesticados pelos humanos. Uma espécie específica de gato — *Felis silvestris*, um pequeno gato malhado vigoroso — se espalhou pelo mundo ao aprender a conviver com os humanos. Os gatos domésticos de hoje são descendentes de um ramo particular dessa espécie, o *Felis silvestris lybica*, que começou a coabitar com os humanos há cerca de 12 mil anos, em partes do Oriente Médio que hoje estão na Turquia, no Iraque e em Israel. Invadindo aldeias nessas áreas, esses gatos puderam tirar vantagem da tendência dos humanos a ter uma vida mais sedentária. Caçando roedores e outros animais atraídos pelos cereais e sementes armazenados, e se apropriando dos restos de carne abandonados depois que os animais abatidos eram comidos, eles fizeram das povoações humanas uma fonte segura de alimentos.

Descobertas recentes apontam para um processo similar que ocorreu na China há cerca de 5 mil anos, quando uma variedade do *Felis silvestris* vivendo na Ásia central seguiu uma estratégia semelhante. Tendo entrado em contato íntimo com humanos, não demorou muito para que os gatos fossem aceitos como animais úteis. O emprego de gatos para impedir a presença de animais nocivos nas fazendas e nos navios tornou-se comum. Seja como caçadores de ratos, passageiros clandestinos ou viajantes inesperados, os gatos se espalharam, graças aos navios, por partes do mundo onde nunca tinham vivido anteriormente. Hoje, em muitos países, eles são mais numerosos do que os cachorros ou qualquer outra espécie animal como coabitantes em lares humanos.[21]

Os gatos deram início a esse processo de domesticação da forma que escolheram. Ao contrário de outras espécies que vasculharam as povoações humanas primitivas em busca de comida, eles continuaram a viver próximos aos humanos desde então sem que sua natureza selvagem tenha mudado de modo significativo. O genoma dos gatos domésticos apresenta apenas pequenas diferenças em relação ao dos seus antepassados selvagens. Suas pernas são um pouco mais curtas e sua pelagem tem cores mais variadas. Ainda assim, como notou Abigail Tucker: "Os gatos mudaram tão pouco fisicamente durante sua convivência com os seres humanos que mesmo os especialistas de hoje por vezes não conseguem distinguir gatos domésticos de gatos selvagens. Isso torna o estudo da domesticação felina muito complicado. É praticamente impossível determinar o ponto de transição dos gatos para a vida junto aos humanos mediante o estudo de fósseis, que mudaram muito pouco até a idade moderna."[22]

A menos que sejam mantidos dentro de casa, o comportamento dos gatos domésticos não é muito diferente daquele dos gatos selvagens. Embora o gato possa considerar mais de uma casa como seu lar, a casa é o lugar onde ele se alimenta, dorme e tem filhotes. Há claros limites territoriais, mais amplos para os machos do que para as fêmeas, que serão defendidos contra outros gatos se necessário. O cérebro dos gatos domésticos diminuiu de tamanho em comparação com seus parentes selvagens, mas isso não tornou os gatos domésticos menos inteligentes ou adaptáveis. A área do cérebro que foi reduzida é a que contém o comando lutar-ou-fugir, o que fez dos gatos domésticos animais mais tolerantes em relação a situações que seriam muito estressantes na natureza, como o encontro com humanos ou gatos desconhecidos.

Uma das razões que levou os humanos a aceitarem os gatos foi sua utilidade na redução da população de roedores. Os gatos comem os roedores, e já comiam ratos que tinham comido os cereais armazenados pelos humanos há milhares de anos. Contudo, em certos ambientes, os gatos e os roedores não são inimigos naturais, e quando interagem costumam dividir um bem comum, como o lixo doméstico. Os gatos não são muito eficientes como meio para controle de pragas. Os ratos domésticos podem ter evoluído em conjunto com os gatos domésticos e aprendido a conviver com eles. Existem fotografias de gatos e ratos juntos, a poucos centímetros de distância, nas quais os gatos não demonstram nenhum interesse nos ratos.[23]

Uma razão mais fundamental que levou os seres humanos a aceitarem os gatos em seus lares é que os gatos os ensinaram a amá-los. Esta é a verdadeira base da domesticação dos felinos. Os gatos são tão atraentes que foram vistos muitas vezes como seres vindos de outro mundo. Os humanos precisam de alguma coisa além do mundo humano, ou ficam loucos. O animismo — a religião mais antiga e mais universal — supriu essa necessidade atribuindo a animais não humanos qualidades espirituais iguais às nossas, se não superiores. Ao adorar essas outras criaturas, nossos ancestrais conseguiam interagir com uma vida além da sua própria.

A partir da sua domesticação dos humanos, os gatos deixaram de depender da caça para suprir a própria alimentação. No entanto, os gatos continuaram a ser caçadores por natureza e, quando falta comida fornecida por humanos, eles logo voltam à prática da caça. Como escreve Elizabeth Marshall Thomas em *The Tribe of Tiger: Cats and their Culture* [A tribo do tigre: gatos e sua cultura], "A história dos gatos é uma história da carne".[24] Grandes ou pequenos, os felinos são hipercarnívoros: na natureza, eles só comem carne. É por isso que os grandes felinos correm atualmente um alto risco de extinção.

O aumento da população humana se traduz na expansão dos aldeamentos humanos e na redução dos espaços abertos. Os felinos são criaturas altamente adaptáveis, vivendo igualmente em florestas, desertos e montanhas, assim como nas pradarias abertas. Em termos evolucionistas, eles foram extremamente bem-sucedidos. Mas também são muito vulneráveis. Quando seus habitats e fontes de alimentos se tornam indisponíveis, eles são forçados a provocar conflitos com os humanos, dos quais geralmente saem perdedores.

Caçar e matar suas fontes de alimento é instintivo nos gatos. Quando os filhotes de gato brincam, eles estão brincando de caçar. Os gatos precisam de carne para sobreviver. Eles só podem digerir os ácidos graxos dos quais necessitam para viver quando estes têm origem na carne de outros animais. A vida sem carne do filósofo moralista provocaria a morte dos gatos.

A forma como os gatos caçam nos conta muita coisa sobre eles. Com exceção dos leões, que caçam em grupo, os felinos caçam sozinhos, seguindo e atacando de surpresa suas presas, muitas vezes à noite. Como predadores que atacam de surpresa, os gatos evoluíram em agilidade, facilidade de saltar e de bater ao perseguir presas de menor tamanho. Os lobos — ancestrais evolucionários dos cachorros — caçam presas maiores em grupos mantidos unidos por relações de dominação e submissão. Um lobo e uma loba podem manter-se unidos por toda a vida, cuidando juntos dos seus filhotes. Mas nenhum desses comportamentos característicos dos lobos é encontrado entre os felinos. O tipo de relação que os felinos têm uns com os outros é determinado por sua natureza de caçadores solitários.

Não é que os gatos sejam sempre solitários. Como poderiam ser? Eles se juntam para procriar, nascem em famílias e, nos locais onde existem fontes garantidas de comida, podem formar colônias. Quando muitos gatos vivem juntos, um gato dominante pode surgir. Os gatos podem competir ferozmente pelo território e pelos parceiros sexuais. Mas não existe nenhuma das regras hierárquicas que moldem as relações entre humanos e as espécies que lhes são próximas na evolução. Ao contrário de chimpanzés e gorilas, os felinos não produzem tipos alfa ou líderes. Se necessário, eles cooperarão para satisfazer suas necessidades, mas não se fundirão num grupo social. Não existem coletivos ou grupos de felinos, bandos ou manadas.

O fato de os gatos não reconhecerem nenhum líder pode ser uma das razões pelas quais eles não se submetem aos humanos. Eles nem respeitam nem veneram os seres humanos com quem tantos deles coabitam. Mesmo dependendo de nós, eles continuam independentes de nós. Se demonstram afeto por nós, não se trata apenas de amor interesseiro. Se nossa companhia não lhes agrada, eles se afastam. Se permanecem, é porque querem ficar conosco. Esta é outra razão pela qual tantos de nós gostamos deles.

Nem todos gostam de gatos. Eles foram recentemente demonizados como "contaminantes ambientais... assim como o DDT",[25] que espalham doenças tal como raiva, toxoplasmose parasitária e patógenos responsáveis pela peste negra. As fezes dos pássaros são uma ameaça maior à saúde humana, mas uma das restrições mais comuns contra os gatos é que eles matam muitos pássaros. A acusação que lhes é feita é que eles rompem o equilíbrio natural. Mas é difícil explicar a hostilidade aos gatos com base em qualquer ameaça que eles representem para o meio ambiente.

O perigo das doenças pode ser evitado mediante a adoção de programas como o "captura-castração-retorno" (TNR, na sigla em inglês), amplamente implementado nos Estados Unidos, no qual os gatos que vivem ao ar livre são trazidos a clínicas para serem vacinados e terem seus ovários retirados, no caso das fêmeas, e em seguida novamente soltos. A ameaça aos pássaros pode ser reduzida mediante o uso de sinos ou dispositivos similares. Mais ainda, é muito estranho apontar uma única família de espécies animais como destruidora da diversidade ecológica, quando o maior culpado neste particular é o próprio animal humano. Graças à sua superlativa habilidade como caçadores, os felinos podem ter alterado o ecossistema em algumas partes do mundo. Mas são os humanos que estão provocando a extinção planetária em massa que vem ocorrendo atualmente.

A hostilidade em relação aos gatos não é nova. No início da modernidade, na França, ela inspirou um culto popular. Os gatos tinham sido havia muito tempo associados com o diabo e o oculto. Os festivais religiosos eram frequentemente encerrados com a queima de um gato numa fogueira ou o lançamento de um de algum telhado. Às vezes, os gatos eram pendurados pelo pescoço e assados vivos sobre um braseiro, numa demonstração da criatividade humana. Em Paris, era costumeiro incendiar uma cesta, barril ou saco cheio de gatos, pendurado em um poste alto. Os gatos eram enterrados vivos sob os assoalhos quando as casas eram construídas, uma prática que supostamente traria boa sorte aos futuros moradores.[26]

No dia de Ano-Novo de 1638, na catedral de Ely, na Inglaterra, um gato foi assado vivo num braseiro, na presença de uma multidão turbulenta. Alguns anos mais tarde, as tropas parlamentaristas, em luta contra as forças monarquistas na guerra civil inglesa, usaram cães para caçar gatos na catedral de Lichfield. No reinado de Charles II, durante as procissões antipapistas, as efígies que eram queimadas continham gatos vivos, de modo que seus gritos criassem

Os gatos e a filosofia

um efeito dramático. Nas feiras rurais, um esporte popular era atirar em gatos suspensos em cestos.[27]

Em algumas cidades francesas, os caçadores de gatos animavam a festa incendiando os animais e correndo atrás deles enquanto eles queimavam ao longo das ruas. Em outras festividades, os gatos eram passados de mão em mão de modo que seu pelo pudesse ser arrancado. Na Alemanha, os uivos dos gatos torturados durante festividades semelhantes eram chamados de *Katzenmusik*. Muitas comemorações terminavam com um julgamento fictício, no qual os gatos eram massacrados com porretes até ficarem semimortos, e em seguida enforcados, um espetáculo que provocava risos na multidão. Os gatos muitas vezes eram mutilados ou mortos por representarem desejos sexuais proibidos. Começando com São Paulo, os cristãos passaram a ver o sexo como uma força destrutiva e até demoníaca. A liberdade demonstrada pelos gatos, comparada ao moralismo humano, pode ter sido relacionada na mentalidade medieval com a rebelião de mulheres e outros contra os interditos sexuais. Diante do pano de fundo desse tipo de teísmo, era quase inevitável que os gatos fossem vistos como a corporificação do mal. Em grande parte da Europa, eles eram identificados como agentes de feitiçaria, torturados e queimados junto com ou em lugar de feiticeiras.[28]

O hábito de torturar gatos não terminou com o fim da loucura da feitiçaria. O neurologista novecentista italiano Paolo Mantegazza (1831-1910), professor do Istituto di Studi Superiori em Florença, fundador da Sociedade Antropológica da Itália e mais tarde um membro progressista do senado italiano, era um darwiniano convicto que acreditava que os humanos tinham evoluído até chegar a uma hierarquia racial, com os "arianos" no topo e os "negroides" na base. O distinto professor inventou uma máquina que chamou com humor de "o torturador". Os gatos eram "recheados com pregos longos e finos", de modo que qualquer movimento produzisse agonia, e em seguida esfolados, lacerados, torcidos e quebrados até que a morte os libertasse. O objetivo do exercício era estudar a fisiologia da dor. Assim como Descartes, que se recusou a abandonar o dogma teísta de que os animais não têm alma, o notável neurologista achava que a tortura de animais se justificava em razão da sua busca pelo conhecimento. A ciência aperfeiçoava as crueldades da religião.[29]

No fundo, o ódio aos gatos pode ser a expressão da inveja. Muitos seres humanos têm uma vida oculta infeliz. A tortura de outras criaturas pode trazer alívio, uma vez que ela inflige um sofrimento ainda pior nelas. Torturar gatos é particularmente prazeroso porque eles são muito satisfeitos consigo mesmos. O ódio aos gatos é, muitas vezes, o ódio a si mesmos de seres humanos impregnados de desgraça, redirecionado contra criaturas que reconhecidamente não são infelizes.

Os gatos vivem segundo a própria natureza, ao passo que os humanos vivem suprimindo a sua. Esta é, paradoxalmente, a sua natureza. É também o atrativo perene da barbárie. Para muitos seres humanos, a civilização é equivalente a um confinamento. Submetidas ao medo, sexualmente carentes e cheias de uma raiva que não ousam exprimir, essas pessoas ficam enfurecidas ao ver uma criatura que vive se afirmando como indivíduo. Torturar animais as distrai da terrível pobreza na qual elas se arrastam ao longo da vida. Os festivais medievais nos quais os gatos eram torturados e queimados eram festivais dos deprimidos.

Os gatos são menosprezados em razão da sua aparente indiferença em relação àqueles que cuidam deles. Nós lhes damos comida e abrigo, mas eles não nos veem como seus donos ou seus mestres, e não nos dão nada em troca a não ser sua companhia. Se nós os tratamos com respeito, eles passam a gostar de nós, mas não sentirão nossa falta quando formos embora. Se nosso apoio faltar, eles logo voltarão a ser selvagens. Embora não demonstrem muita preocupação quanto ao futuro, eles parecem achar que vão sobreviver a nós. Tendo-se espalhado pelo mundo nos navios que os seres humanos usaram para ampliar seus domínios, os gatos parecem que vão sobreviver ainda por muito tempo depois que os humanos e todas as suas obras desaparecerem sem deixar rastros.

2

Por que os gatos não lutam para serem felizes

Quando as pessoas dizem que seu objetivo na vida é ser feliz, elas estão declarando que são infelizes. Pensando na felicidade como um projeto, elas veem sua satisfação em algum momento no futuro. O presente passa batido e a ansiedade se instala. Elas temem que seu caminho para esse estado futuro seja interrompido por acontecimentos. Então elas se voltam para a filosofia, e hoje em dia para a terapia, que oferece alívio para o próprio incômodo.

Fingindo ser uma cura, a filosofia é um sintoma da desordem à qual ela tem a pretensão de remediar. Outros animais não sentem a necessidade de desviar da própria natureza. Enquanto nos humanos a felicidade é um estado artificial, nos gatos é o estado natural. A menos que eles sejam confinados em ambientes que sejam antinaturais para eles, os gatos nunca ficam entediados. O tédio é o medo de ficar sozinho consigo mesmo. Os gatos são felizes sendo eles mesmos, ao passo que os humanos tentam ser felizes escapando de si mesmos.

É nesse ponto que os gatos mais diferem dos humanos. Como Sigmund Freud, o fundador da psicanálise, compreendeu, um estranho tipo de infelicidade é normal nos seres humanos. Freud nunca explicou esse estado, nem acreditava que a psicanálise poderia curá-lo. Existem hoje inúmeras técnicas que prometem a liberação dele. Essas terapias podem ajudar as pessoas a viverem com menos desconforto com outros seres humanos. Mas não podem livrá-las da inquietação que é parte da natureza humana. Essa é a razão pela qual tantos humanos gostam de conviver com gatos. As pessoas acometidas pela elurofilia são frequentemente acusadas de antropomorfismo — o costume de atribuir emoções humanas a outros animais que não as têm. Mas os amantes dos gatos não os amam porque se reconhecem neles. Eles amam os gatos porque os gatos são tão diferentes deles.

Ao contrário dos cachorros, os gatos não se tornaram parcialmente humanos. Eles interagem conosco e podem, do seu jeito, chegar a nos amar, mas são diferentes de nós nas profundezas do seu ser. Tendo adentrado o mundo humano, eles nos permitem ver além dele. Não mais presos em nossos próprios pensamentos, podemos aprender com eles por que nossa nervosa busca por felicidade deverá fracassar.

QUANDO OS FILÓSOFOS DISCORREM SOBRE A FELICIDADE

A filosofia nunca foi uma pesquisa sem propósito. Na era medieval, ela foi escrava da teologia. Hoje, ela busca elucidar os preconceitos dos acadêmicos de classe média. Nas suas formas primitivas, ela procurava ensinar a tranquilidade.

Entre os filósofos antigos, os epicuristas acreditavam que poderiam alcançar a felicidade controlando os próprios desejos. Quando alguém, hoje, é descrito como um epicurista, pensamos numa pessoa que ama a boa mesa, os vinhos e outros prazeres da vida. Mas os epicuristas originais eram ascéticos que tentavam reduzir seus prazeres a um mínimo. Eles se alimentavam com uma dieta simples de pão, queijo e azeitonas. Não faziam objeção ao sexo, desde que ele tivesse fins medicinais, como um remédio contra a frustração, e não fosse misturado com paixão ou o que chamamos hoje em dia de amor romântico, que só servia para perturbar sua paz de espírito. Pela mesma razão, eles desprezavam qualquer tipo de ambição ou engajamento político. Retirar-se para a tranquilidade de um jardim bem-cuidado e fechado aos estranhos os protegeria da dor e da ansiedade, e os ajudaria a atingir a *ataraxia*.

Epicuro tem algumas coisas em comum com Buda. Ambos prometem alívio do sofrimento por meio do abandono do desejo. Mas Buda é mais realista, ao reconhecer que isso só pode ser integralmente alcançado se conseguirmos sair do carrossel de nascimento e morte — ou seja, deixando de existir como um indivíduo bem-definido. Seres humanos iluminados podem experimentar um estado de contentamento ao longo da sua vida; mas eles só podem ser libertados do sofrimento se não forem mais renascer.

Se você aceita o mito da reencarnação, essa história pode ser atraente. A visão epicurista é mais difícil de ser levada a sério. Para Epicuro e seus discípulos, o universo é um caos de átomos flutuando no vazio. Os deuses podem existir, mas são indiferentes a nós. A tarefa dos seres humanos é remover as fontes do sofrimento dentro de si mesmos. Até aí, é parecido com o budismo. A diferença é que Epicuro só pode prometer alívio dos sofrimentos que nascem de crenças erradas e desejos excessivos. A morte pode ser recebida com aceitação, como no caso do próprio Epicuro, que manteve sua alegria e continuou a ensinar, mesmo tendo uma doença fatal. Mas não está claro o que Epicuro tem a dizer para os que sofrem continuamente de fome e trabalho exaustivo, perseguição ou pobreza.

As pessoas só podem usufruir do isolamento epicurista se viverem num tempo e lugar que permitam tal luxo, e se tiverem a sorte de poder pagar por ele. Isso nunca foi possível para a maioria dos seres humanos e nunca será. Nos locais onde retiros desse tipo existiram, eles serviram de abrigo para uns poucos e foram destruídos em guerras e revoluções. Um limite ainda mais fundamental da filosofia epicurista é a pobreza da vida que ela recomenda. É uma visão neurastênica da felicidade. Como num hospital para convalescentes, não se pode fazer barulho. A única coisa que resta é um sossego repousante. Mas aí a vida fica parada e muito da sua alegria se perdeu.

O filósofo hispano-americano George Santayana comentou sobre essa pobreza quando analisou o poeta-filósofo romano Lucrécio, que apresentou a visão de Epicuro em seu poema *De rerum natura* [Sobre a natureza das coisas]:

> A noção de Lucrécio [...] do que é positivamente valioso ou alcançável é muito insuficiente: libertação da superstição, com o avanço da ciência necessário para assegurar essa libertação; amizade; e alguns prazeres animais baratos e saudáveis. Nenhum amor, nenhum patriotismo, nenhum empreendimento, nenhuma religião.[1]

Os epicuristas tinham por objetivo conseguir tranquilidade eliminando os prazeres da vida, até o ponto em que (esses sábios imaginavam) os poucos que restavam poderiam ser desfrutados em quaisquer circunstâncias. Os estoicos visavam ao mesmo fim, porém seguindo uma via diferente. Eles acreditavam que, ao controlar seus pensamentos, poderiam aceitar qualquer coisa que lhes acontecesse. O cosmos era governado pelo *logos*, ou a razão. Se uma pessoa sente que um evento é desastroso, é porque não entendeu que ele faz parte da ordem cósmica. O caminho da tranquilidade consiste em se identificar com essa ordem. Se fizer isso, essa pessoa poderá encontrar satisfação em desempenhar seu papel na ordem das coisas.

Essa filosofia estoica atraiu seguidores em diferentes camadas da sociedade, de escravos a governantes. Um exemplo de como ela

POR QUE OS GATOS NÃO LUTAM PARA SEREM FELIZES

foi empregada pode ser encontrado nas *Meditações* do imperador Marco Aurélio (121-180 d.C.). Um diário espiritual no qual ele se convence a aceitar o próprio lugar no mundo e fazer seu dever, as *Meditações* são impregnadas com o enfado pela vida. Marco exorta a si mesmo para que leve em conta:

> Como tudo desaparece depressa, os corpos mesmos no universo e, no tempo, sua lembrança. Assim é com todas as sensações, e sobretudo com as que atraem porque deleitam, ou amedrontam pela ameaça de dor, ou se apregoam a todos os ventos porque envaidecem. Quão insignificantes são, quão desprezíveis, vulgares, corruptíveis e mortas: cabe à razão avaliá-las. E avaliar também quais são os tipos de homens cujas opiniões e pronunciamentos propiciam a glória ou a desonra. E ainda o que é a morte; e que se um homem a considera em si mesma, eliminando seu conceito, dissipa as fantasias associadas à morte e pode vir a concebê-la como nada além de uma obra da natureza.[2]

Isso não é uma afirmação da vida, e sim uma postura de indiferença diante da vida. Ao compor na sua mente um esquema racional das coisas das quais ele necessariamente faz parte, Marco Aurélio tenta se reconciliar com o infortúnio e a morte. O imperador-filósofo acreditava que, se pudesse encontrar uma ordem racional dentro de si mesmo, seria salvo da ansiedade e do desespero. Porque não apenas o universo é racional: o que é racional é certo e bom. Em sua identidade fictícia, Marco Aurélio esperava encontrar a paz.

Para ele, a razão exigia uma extinção voluntária da vontade. O resultado é uma celebração fúnebre da persistência e resignação. O filósofo-imperador sonha em se tornar uma estátua imóvel num mausoléu romano silencioso. Mas a vida o desperta desse sonho, e ele precisa tecer um novo manto de filosofia no qual se abrigar.

O poeta e ensaísta russo Joseph Brodsky escreveu:

> Para os antigos, a filosofia não era um subproduto da vida, e sim o contrário [...]. Talvez devêssemos dispensar aqui o próprio termo "filosofia", porque o estoicismo, em particular na sua versão romana, não deveria ser caracterizado como amor ao conhecimento. Ele era de fato uma experiência de resignação ao longo da vida [...].[3]

Desempenhando de modo impiedoso seus deveres imperiais — o papel que o cosmos tinha reservado para ele, como acreditava —, Marco Aurélio encontrava satisfação em contemplar sua própria tristeza.

Os estoicos aceitavam que mesmo o mais sábio dos sábios não poderia suportar as piores dores da vida. Quando era esse o caso, o suicídio era permitido. Marco Aurélio desencorajava a morte autoinfligida se a pessoa tivesse alguma responsabilidade pública a ser executada, mas admitia que se pudesse acabar com a vida se as circunstâncias impossibilitassem qualquer tipo de existência racional.

O filósofo estoico, político e dramaturgo Sêneca foi mais longe, e acreditava que o suicídio seria aceitável se alguém simplesmente estivesse cansado da vida. Aconselhando um jovem discípulo, ele perguntou:

> Você tem alguma coisa pela qual valha a pena esperar? Seus prazeres, que provocam sua procrastinação e seu atraso, já foram exauridos por você. Nenhum deles é mais uma novidade, e não há nenhum que já não tenha se tornado odioso porque você já se empanturrou com ele. Você conhece o gosto do vinho e dos licores. Não vai fazer nenhuma diferença se uma centena ou mil copos

passarem pela sua bexiga [...]. A vida é como uma peça de teatro — não importa em quanto tempo a ação se desenrola, mas o quanto a interpretação é boa. O momento em que você para não faz diferença. Pare quando quiser; mas cuide para que o período de fechamento seja bem planejado. Adeus.[4]

Sêneca morreu pelas próprias mãos, embora não por sua escolha. Acusado de cumplicidade numa trama para matar o imperador Nero, este decidiu que ele deveria cometer suicídio. De acordo com o historiador romano Tácito, Sêneca obedeceu e cortou suas veias. Mas o sangue fluiu lentamente, o que o fez tomar veneno. Esse também falhou, e ele foi colocado por soldados num banho quente, onde finalmente morreu sufocado.

A *ataraxia*, como modo de vida, é uma ilusão. Os epicuristas tentam simplificar a própria vida de modo a reduzir ao mínimo os prazeres que podem perder. Mas eles não podem manter seu jardim tranquilo contra o turbilhão da história. O sábio estoico insiste que, se não podemos controlar os eventos que acontecem em nossa vida, podemos controlar o que pensamos sobre eles. Mas isso apenas marginalmente. Uma febre, uma mosca tsé-tsé ou uma experiência traumática podem perturbar a mente num momento crucial, ou mesmo para sempre. Os discípulos de Pirro tentaram estabelecer o equilíbrio interno por meio da suspensão do julgamento. Mas a dúvida cética não pode banir a inquietação que é própria do ser humano.

Mesmo se a *ataraxia* pudesse ser alcançada, seria um modo apático de viver. Felizmente, a serenidade mortal não é, na prática, um estado que os humanos conseguem manter por muito tempo.

PASCAL E A DIVERSÃO

Todas essas filosofias têm uma fraqueza em comum. Elas imaginam que a vida possa ser organizada pela razão humana. Ou que a mente possa criar um modo de vida que proteja contra as perdas, ou que ela possa controlar as emoções de modo que se possa suportar qualquer perda. Na verdade, nem a maneira como vivemos nem as emoções que sentimos podem ser controladas dessa forma. Nossas vidas são modeladas pelo acaso e nossas emoções, pelo nosso corpo. Uma grande parte da vida humana — e boa parte da filosofia — é uma tentativa de nos desviar desse fato.

A diversão foi um tema central nos escritos do cientista, inventor, matemático e pensador religioso Blaise Pascal no século XVII. Ele escreveu:

> *Diversão.* Sendo incapazes de descobrir uma cura para a morte, a desgraça e a ignorância, os homens decidiram que, para serem felizes, não deveriam pensar nessas coisas.[5]

Pascal explica:

> Às vezes, quando me ponho a pensar sobre as várias atividades dos homens, os perigos e problemas que eles enfrentam na justiça, ou na guerra, que provocam tantas discussões e paixões, ações ousadas e muitas vezes maldosas, e assim por diante, digo com frequência que a causa única da infelicidade humana é que os homens não sabem como ficar tranquilamente em seus aposentos. Um homem rico o bastante para possuir os meios necessários à sua vida não deveria nunca deixar seu lar para ir navegar ou cercar uma fortaleza, se soubesse como ficar em casa e sentir prazer nisso [...].

Mas depois de refletir bem, procurando as razões particulares para toda a nossa infelicidade [...] achei uma razão muito convincente no infortúnio natural da nossa natureza fraca e mortal, tão deplorável que nada pode nos consolar quando pensamos de verdade sobre ela [...].

A única coisa que os homens podem fazer, em consequência, é se desviar do pensamento sobre o que são, seja por meio de um trabalho que os distraia, seja por meio de alguma paixão nova que os mantenha ocupados, como jogar, caçar, algum espetáculo atraente, em suma, o que chamamos de diversão.[6]

Os humanos se divertem usando a imaginação:

Imaginação. É a faculdade predominante no homem, senhora do erro e da falsidade [...]. Não estou falando dos tolos, falo dos homens mais sábios, entre os quais a imaginação tem maior poder de persuasão. A razão pode reclamar, mas será em vão: ela não tem como determinar o preço das coisas.

Essa força poderosa que reprime e domina a razão, sua principal inimiga, pelo prazer de exibir o poder que possui em todas as esferas, estabeleceu uma segunda natureza no homem. Ela tem seus homens felizes e infelizes, seus doentes e sãos, seus ricos e pobres; ela nos faz acreditar, duvidar, negar a razão; amortece os sentidos, os excita; tem seus tolos e sábios [...]. A imaginação decide tudo: cria beleza, justiça e felicidade, que é o bem supremo do mundo.[7]

42   FILOSOFIA FELINA

Montaigne também escreveu sobre a diversão. Mas, enquanto Pascal a rejeitava como um obstáculo para a salvação, Montaigne a saudava como um remédio natural contra o sofrimento:

> Houve um tempo em que fui tocado por uma poderosa tristeza, poderosa em razão da minha saúde, e tão justificável quanto poderosa. Eu poderia ter morrido dela se tivesse confiado apenas nas minhas próprias forças. Precisava de uma distração para me desviar dela; foi então que, com arte e esforço, eu me apaixonei, ajudado pela minha juventude. O amor me trouxe consolo e me afastou da doença que tinha sido causada pela amizade. A mesma coisa serve em todas as ocasiões: um pensamento doloroso me domina; acho mais simples controlá-lo do que mudá-lo [...]. Se não posso lutar contra ele, eu fujo dele; e, ao fugir, me distraio, usando minhas habilidades; mudando de lugar, de ocupação e de companhia, escapo na multidão de outros divertimentos e pensamentos, onde ele se perde de mim e não consegue mais me achar. Esta é a maneira como a natureza nos ajuda, graças à inconstância.[8]

A tristeza de Montaigne foi provocada pela morte de seu grande amigo Étienne de La Boétie (1530-63), juiz e pensador político. Montaigne escreveu a seu respeito um ensaio muito elogiado.[9] Superou a melancolia que o dominou seguindo o "caminho da natureza".

No que tange à diversão, os humanos e os gatos se encontram em polos opostos. Como não têm uma imagem de si mesmos, os gatos não precisam se desviar do fato de que deixarão de existir um dia. Como consequência, eles vivem sem medo de que o tempo passe muito rapidamente ou muito devagar. Quando os gatos

POR QUE OS GATOS NÃO LUTAM PARA SEREM FELIZES   43

não estão caçando ou se acasalando, comendo ou brincando, eles dormem. Não sentem a ansiedade que os obrigue a uma atividade constante. Quando dormem, talvez sonhem. Mas não há razão para pensar que sonham em estar em outro mundo. E, quando não estão dormindo, estão inteiramente despertos. O dia chegará em que saberão que estão próximos da morte, mas não passam a vida temendo sua chegada.

Montaigne e Pascal admitiam que a filosofia não consegue distanciar o animal humano da sua infelicidade. Mas eles discordam na visão do significado desta infelicidade. Montaigne pensa que os outros animais são superiores ao homem em alguns aspectos, ao passo que Pascal vê a infelicidade humana como uma prova da superioridade dos humanos em relação a todos os outros animais: "A grandeza do homem provém de saber que é infeliz. Assim, é uma desgraça saber que se é infeliz, mas existe uma grandeza em saber que somos infelizes [...] É a infelicidade de um grande soberano, a desgraça de um rei destituído."[10] Onde Montaigne se volta para a natureza, Pascal se volta para Deus.

Durante sua curta vida, Pascal realizou alguns feitos intelectuais notáveis. Antes de morrer em 1662, aos 39 anos, ele construiu algumas das primeiras máquinas de calcular (o que levou, no século XX, a uma linguagem de programação que tem seu nome) e fez avanços significativos na teoria da probabilidade. Ele também projetou o primeiro sistema de transporte urbano de massa, usando ônibus puxados por cavalos que operaram em Paris durante um certo tempo, e uma versão primitiva da roleta. Ele é merecidamente reconhecido como um dos fundadores da ciência moderna. Mas a principal preocupação de Pascal era a religião.

Em 23 de novembro de 1654, ele teve uma revelação mística, que se tornou o evento mais importante da sua vida: uma experiência direta de Deus, que até aquele momento havia permanecido escondido dele. Pascal registrou a experiência num pedaço de papel, depois num pergaminho, que carregou consigo durante o resto da sua vida. Quando ele morreu, foi encontrado costurado na sua roupa, e pode ser lido hoje como um dos seus *Pensamentos*.[11]

Os últimos anos de Pascal foram sofridos. Ele foi atraído pelo jansenismo, uma corrente do catolicismo condenada pelo papa, e quando teve sua doença fatal, depois de uma existência doentia, foi submetido a tratamentos inúteis e dolorosos por médicos incompetentes, além de ter tido negado o consolo dos sacramentos até praticamente o fim. Após uma longa agonia, ele morreu em 19 de agosto de 1662. Suas últimas palavras foram: "Que Deus nunca me abandone."

Pascal dedicou muitas dos seus *Pensamentos* à refutação do ceticismo de Montaigne. Ele tentava provar que a ansiedade crônica da qual sofrem os seres humanos é um sinal de que eles não fazem parte do mundo natural. É errado os humanos se compararem com os outros animais: "É perigoso explicar claramente para o homem o quão próximo ele é dos animais, sem sublinhar sua grandeza. Também é perigoso exagerar essa grandeza sem sua vilania."[12] O pior acontece quando os seres humanos reverenciam os animais como se fossem deuses. "O homem é suficientemente desprezível a ponto de se curvar diante de animais e até adorá-los."[13]

Para Pascal, o desajuste humano tem origem além do mundo. Para Montaigne, ele se origina em uma imperfeição do animal humano. Aqui eu fico com Montaigne. Os seres humanos são criaturas divididas cujas vidas são gastas sobretudo em atividades de deslocamento. Os pesares que eles têm em comum com seus parentes animais são multiplicados pelo pensamento que constantemente se volta para si mesmo. É essa autoconsciência reflexiva que produz a infelicidade particular do animal humano.

Assim como Montaigne, Pascal zombava da ideia de que a razão pudesse proporcionar um remédio para a condição humana. Mas

POR QUE OS GATOS NÃO LUTAM PARA SEREM FELIZES

ele achava que a razão poderia ajudar a trazer os seres humanos para a fé. O famoso desafio de Pascal nos propõe razões para que apostemos na existência de Deus. Só o que nos resta é arriscar: se ganharmos, recebemos felicidade infinita; se Deus não existir, perdemos uma vida efêmera e mortal, tão curta que não vale praticamente nada.[14]

Este é um raciocínio que deixa algo a desejar. Pascal presume que já sabemos em qual Deus devemos apostar. Mas os seres humanos já veneraram vários deuses, todos exigentes quanto à submissão e obediência. Se apostarmos em um que não existe, um outro pode nos amaldiçoar. Novamente: será que nossas vidas breves valem tão pouco? Se elas são tudo o que temos, podem ser ainda mais preciosas para nós.

Não se deve levar o chamamento de Pascal à razão muito a sério. A razão leva à fé, segundo ele acreditava, mas ele sabia que a razão não poderia manter a fidelidade de ninguém. A base de qualquer fé duradoura é o ritual. Em vez de pensar a respeito da religião, as pessoas deveriam ir a uma igreja, templo ou sinagoga e ajoelhar-se, fazer suas devoções e rezar com os demais. O seres humanos se parecem mais com máquinas do que gostariam de imaginar:

> Não devemos nos enganar a respeito de nós mesmos: somos tão autômatos quanto conscientes. Como consequência, as demonstrações não são os únicos instrumentos para nos convencer [...]. As provas só convencem a mente; o hábito proporciona as provas mais sólidas e aquelas nas quais mais acreditamos. Ele comanda o autômato, que arrasta a mente atrás de si inconscientemente. Quem provou que um novo dia nascerá amanhã, e que sem dúvida morreremos? E no que se acredita mais geralmente? Portanto, é o hábito que nos convence e produz tantos

cristãos [...]. Devemos adquirir uma crença mais fácil, que é a do hábito.[15]

A crença é um hábito do corpo. Se você quer ter fé, aja como se já a tivesse. A mente logo seguirá. A prática fará com que sua fé seja duradoura.

O problema é que a análise de Pascal também justifica a diversão. Ele escreve: "O silêncio eterno desses espaços infinitos me enche de pavor."[16] Mas render-se a atividades mundanas — acompanhar um esporte, ou se lançar num novo caso amoroso — pode ser tão eficaz para afastar o medo existencial quanto a prática de uma religião. Qualquer passatempo pode ajudar.

Onde Pascal acerta é ao dizer que a diversão é um traço exclusivamente humano. Algumas pessoas acreditavam que a habilidade de fazer ferramentas era o que nos diferenciava dos nossos parentes animais. Outros pensavam que era a transmissão de conhecimento ou o uso da linguagem. Mas nenhuma dessas características é exclusivamente humana. Os castores constroem casas, os corvos usam ferramentas para pegar comida, os macacos formam culturas usando o conhecimento transmitido por gerações anteriores. Os uivos dos lobos e a música das baleias são os sons de uns falando com os outros. A necessidade da diversão, porém, é essencialmente humana.

A diversão é uma resposta à característica definidora do animal humano: o medo da morte que resulta da consciência de si mesmo. Assim como outros animais, os elefantes podem reconhecer algo semelhante à morte quando esta acontece com outros indivíduos da sua espécie. Mas só os humanos sabem que chegará o dia em que eles mesmos morrerão. A imagem de nós mesmos vivendo ao longo do tempo vem junto com a percepção de que morreremos em breve. Uma boa parte das nossas vidas é gasta fugindo da nossa própria sombra.

A negação da morte e a divisão do espírito humano caminham juntas. Com medo de qualquer coisa que lembre a própria mortalidade, os humanos reprimem boa parte da sua experiência para uma área inconsciente deles mesmos. A vida se torna uma luta para ficar no escuro. Sem precisar dessa escuridão interior, os gatos, por sua vez, são criaturas noturnas que vivem à luz do dia.

HODGE E A QUEDA

Os gatos não fazem planos para suas vidas; eles as vivem à medida que elas se desenrolam. Os seres humanos não conseguem viver sem construir uma história. Mas, como não podem saber como a própria vida vai terminar, a vida rompe a história que eles tentam contar. Desta forma, eles acabam vivendo, por acaso, da mesma forma que os gatos.

Os humanos diferem dos outros animais por providenciar suprimentos de grande importância para o futuro. Eles são menos dependentes das estações do ano e das mudanças de clima, por meio da agricultura e da indústria. Em consequência, vivem mais do que antes. Mas a forma como vivem continua a ser frágil.

Muitos parecem confiar que a civilização moderna que se desenvolveu nos últimos séculos vai perdurar, embora as mudanças climáticas e as pandemias globais estejam criando um mundo diferente e mais perigoso. A humanidade dará um jeito de se adaptar, sem dúvida. Mas de que natureza serão esses ajustes ainda não está claro. As sociedades que existem hoje serão transformadas de diferentes formas? Ou as instituições do passado — o feudalismo e a escravidão, por exemplo — renascerão e serão mantidas com novas tecnologias? Ninguém sabe ao certo. O futuro da vida humana na Terra é tão desconhecido quanto o que vai acontecer (se é que alguma coisa acontecerá) depois da nossa morte.

48 FILOSOFIA FELINA

Alguns pensadores modernos imaginaram que a sociedade poderia ser reconstruída a fim de que os seres humanos pudessem alcançar a felicidade que, há algum tempo, eles acham que lhes é devida. O romancista, biógrafo, lexicógrafo e conferencista inglês Samuel Johnson (1709-84) duvidava dessa visão.

Filho de um livreiro, Johnson chegou ao mundo como uma criança doentia que ninguém esperava que pudesse viver por muito tempo. Bem cedo na vida, ele adquiriu tiques no corpo e no rosto, o que levou alguns biógrafos a concluírem que sofria da síndrome de Tourette. Devedor crônico e sempre precisando de dinheiro, ele foi aluno da Universidade Pembroke, em Oxford, mas aprendeu pouca coisa e saiu sem ter obtido um diploma. Em 1735, casou-se com a viúva de um amigo próximo, Henry Porter, um rico comerciante de Birmingham. Elizabeth "Tetty" Porter era mais de vinte anos mais velha que Johnson, e a relação entre eles foi desencorajada pela família dela e constituiu uma surpresa para os amigos de Johnson. Mas o casamento — um "encontro amoroso", ele disse — parece ter sido feliz e durou até a morte de Tetty, em 1752. Ela bancou o projeto de Johnson de fundação de uma escola, mas o negócio não deu certo e, pelo resto da sua vida, ele trabalhou como escritor. E sempre a mencionava com gratidão e afeição.

Assim como Montaigne, Johnson adorava os gatos. Ele ia até a cidade para comprar ostras para Hodge, seu companheiro felino de pelo negro, e valeriana para aliviar as dores quando o gato ficava doente. Ainda como Montaigne, ele sofria de ataques de melancolia, embora mais frequentes e mais graves.

Johnson zombava da crença de que a felicidade poderia ser alcançada por meio do pensamento sobre o melhor caminho para a vida. Como ele escreveu a seu amigo e biógrafo James Boswell:

A vida não é longa, e uma parte grande demais dela é gasta em deliberações inúteis a respeito de como ela deve ser vivida; deliberações que, os que as iniciam com cautela e continuam com argúcia, devem, depois de muito pensar, concluir pelo acaso. Preferir um modo de vida em vez de outro, com base em razões, requer faculdades intelectuais que nosso criador não nos concedeu.[17]

Johnson expôs essa visão em *A história de Rasselas, príncipe da Abissínia* (1759). Intitulado originalmente "A escolha de vida", o livro é uma fábula na qual o filho do rei da Abissínia (atual Etiópia) deixa "o Vale Feliz" no qual vivia e viaja para outros países.

Até aí, Rasselas ainda não tinha conhecido os males do mundo. Cercado de paz e beleza, ele morava numa versão do paraíso. Ficou entediado e descontente, e quis descobrir por quê. No entanto, nenhuma das pessoas que ele encontrava eram felizes, e os sábios com os quais deparava não sabiam dizer como ele poderia ser feliz. Ele deveria insistir em sua busca? Seu amigo, o poeta Imlac, que o acompanhou em sua viagem, lhe explica por que a procura da felicidade é como buscar uma ilusão:

"As causas do bem e do mal, respondeu Imlac, são tão múltiplas e incertas, tão frequentemente emaranhadas umas nas outras, tão diversificadas por diferentes relações, e tão excessivamente sujeitas a acidentes imprevisíveis, que a pessoa que quiser curar seu estado com base em escolhas racionais incontestáveis deverá viver e morrer pesquisando e deliberando [...].

"Muito poucos, disse o poeta, vivem de acordo com as próprias escolhas. Todo homem é colocado em sua condição atual por causas que agiram sem que ele percebesse, e com as quais ele nem sempre cooperou voluntariamente [...]."[18]

A história termina com Rasselas desistindo da sua busca e voltando para o Vale Feliz.

A convicção de Johnson de que o pensamento não poderia aliviar a infelicidade refletia sua própria experiência. Durante toda sua vida, ele se preocupou com a saúde. Contraiu escrófula, uma infecção dos nódulos linfáticos geralmente causada por tuberculose, e que causa uma inflamação dos gânglios do pescoço. Perdeu parte da visão. Numa nota autobiográfica escrita quando estava com mais de cinquenta anos, ele descreveu a si mesmo como tendo sido "uma pobre criança doente, quase cega". A miopia era uma séria deficiência para alguém que vivia da escrita. Depois de quase uma década de trabalho, ele escreveu um dicionário da língua inglesa que é também uma grande obra literária. Sua governanta, a senhora Thrale, descreve como, lendo à noite debruçado sobre uma vela, "as franjas de todas as suas perucas ficavam queimadas pela vela até a base".

Embora Johnson fosse um cristão fervoroso, sua fé não lhe trazia paz. Sempre sujeito a depressões, ele tinha muitas vezes medo de enlouquecer. Tinha consigo uma corrente e um cadeado, com os quais pedia à senhora Thrale que o prendesse quando a loucura parecesse iminente. Algumas pessoas sugeriram que ele pode ter tido tendências masoquistas, mas parece mais provável que tivesse medo da desgraça e do confinamento caso seus distúrbios mentais se tornassem públicos. O poeta Christopher Smart, seu amigo, havia sido confinado num hospício durante sete anos, tendo por única companhia seu gato Jeoffry, a quem dedicou seu elogiado poema no qual elogiava este membro da "tribo do Tigre".[19]

Johnson deve ter temido o hospício tanto quanto a própria loucura. Mas é verdade que ele vivia com medo constante da insanidade, que tentava controlar por meio de rituais obsessivo-compulsivos. Quando andava pelas ruas de Londres, ele tocava em todos os postes com sua bengala; se perdesse um, deveria recomeçar a caminhada. Quando sentava, Johnson se balançava para a frente e para trás, às vezes assobiando. Sempre falando sozinho, dizendo coisas incompreensíveis para si mesmo, ele era uma coleção de tiques e contrações. Fosse ou não acometido pela síndrome de Tourette, mostrava-se um ser humano profundamente perturbado.

O desconforto de Johnson não era mais que uma versão exagerada da inquietação comum a todos os seres humanos. Um boa parte da vida humana é uma sucessão de tiques. Carreiras e casos amorosos, viagens e mudanças filosóficas são espasmos nas mentes que não conseguem se acalmar. Como disse Pascal, os seres humanos não sabem como ficar quietos sentados em casa. Johnson sabia que nunca poderia sentar-se calmamente em lugar nenhum, mas não encontrava remédio para a própria inquietação. Como outros seres humanos, ele era regido pela sua imaginação.

No capítulo 44 de *Rasselas*, Johnson analisa o perigoso poder da imaginação e conclui que ela não pode ser superada por um ato de vontade:

> Para falar com rigorosa exatidão, é possível que nenhuma mente humana esteja em seu estado normal. Não existe nenhum homem cuja imaginação não suplante, por vezes, sua razão, que possa regular sua atenção inteiramente por meio da própria vontade, e cujas ideias cheguem e partam ao seu comando. Não se encontrará nenhum homem em cuja mente algumas ideias visionárias não o tenham tiranizado e forçado a ter esperanças ou receios além dos limites de uma moderada probabilidade. Todo o poder da imaginação sobre a razão representa um grau de insanidade [...].[20]

Para Johnson, a melhor maneira de fugir da desordem da imaginação era ter companhia. Ele fazia amizade com os desgraçados de Londres com tanta facilidade quanto com a alta sociedade literária. Tendo conversado com o rei George III, ele também estava disponível para falar com mendigos desabrigados, que levava para sua casa. Não era o pensamento, mas sim a imersão na sociedade, que lhe permitia escapar de si mesmo.

Existe algum outro animal que não suporte sua própria companhia? Não o gato, com certeza. Os gatos passam grande parte da vida em feliz solidão. Eles podem vir a gostar dos seus companheiros humanos e prover alívio para a inquietação doentia com a qual os próprios humanos não sabem lidar. Johnson gostava desse poder no seu gato e o descrevia como "um excelente gato, de fato". Hodge lhe dava algo que uma companhia humana não conseguia proporcionar: um lampejo de vida antes da Queda.

O Vale Feliz de *Rasselas* é uma versão do século XVIII para o jardim do Éden, um lugar que ninguém pode rever. É evidente que o príncipe decide regressar ao Vale. Mas o último capítulo do livro intitula-se "A conclusão, na qual nada é concluído", e fica claro que nem o príncipe nem o Vale Feliz podem voltar a ser o que eram quando ele partiu.

Você só pode estar no paraíso quando não sabe como é estar no paraíso. Assim que sabe, o paraíso deixa de existir. Nenhum esforço de pensamento pode levá-lo de volta para lá, uma vez que o pensamento — a consciência de si mesmo como um ser mortal — é a Queda. No jardim do Éden, o casal humano original está vestido com a ignorância de si mesmos. Quando alcançam o autoconhecimento, descobrem que estão nus. Pensar em si mesmo é o presente da serpente, que não pode ser devolvido.

Para o escritor do século XVIII, o paraíso era o estado mental no qual ele não era torturado por seus pensamentos. Mas Johnson

POR QUE OS GATOS NÃO LUTAM PARA SEREM FELIZES

sabia que sua autotortura era congênita. A "pobre criança doentia" nunca conheceria a saúde: tudo o que ele podia fazer era escapar de si mesmo. Assim, submergia na sociedade. O genial conversador que Boswell descreveu, incandescente de tanto brilho, era Johnson fugindo dos seus próprios pensamentos. Mas Johnson necessitava de algo mais do que diversão, algo que só seu companheiro felino podia oferecer. Quando soube que "um jovem de boa família" tinha enlouquecido e estava atirando em gatos, Johnson disse em voz baixa: "Mas Hodge não pode ser alvejado; não, não, Hodge não pode ser alvejado." Hodge trouxe a Johnson um alívio do pensamento, e do fato de ser humano.

3

A ética felina

A MORALIDADE, UMA NORMA MUITO PECULIAR

Os gatos são frequentemente acusados de serem amorais. Eles não obedecem a nenhuma ordem e não têm ideais. Não manifestam sentimento de culpa ou remorso, nem parecem lutar para serem melhores do que são. Não se esforçam para melhorar o mundo, nem ficam angustiados a respeito de qual é a coisa certa a fazer. Se pudessem compreender, achariam que a ideia segundo a qual seu modo de vida deveria obedecer a algum padrão exterior seria risível.

Muitas pessoas alegam valorizar a moralidade mais do que qualquer outra coisa. Na sua visão, nada os separa mais dos demais animais do que o sentido do certo e errado. Uma vida boa não é apenas aquela que vale a pena ser vivida; ela deve também ser *moral*. Se uma vida não atende aos requisitos da moralidade, então não pode ter muito valor — provavelmente, não terá valor algum. A moralidade lida com uma espécie particular de valor, incomparavelmente mais preciosa que qualquer outra. O prazer pode ter valor assim como a beleza e a vida em si mesma, mas, a menos que a busca desses bens seja submetida à moralidade, eles não terão nenhum valor ou serão definitivamente ruins. Isto é verdade para qualquer ser humano, visto que as leis da moralidade são universais e incondicionais. Todos devem ser morais antes de qualquer outra coisa.

Aqueles que pensam desta maneira estão convencidos de saber quais são os ditames da moral. Não pode haver discordância quando se trata do certo e do errado. Afinal, ser moral é o bem supremo. Como os seres humanos poderiam divergir sobre algo de tamanha importância? Mas, de fato, existem muitas moralidades discordantes e opostas. Hoje, para algumas pessoas, a justiça é a essência da moralidade. Mas a justiça não é imutável nem tão importante para elas como imaginam. Como Pascal observou, "a justiça é tão submetida a questões de moda quanto a elegância".[1]

A moralidade tem muitos encantos. O que poderia ser mais encantador do que a visão de uma justiça eterna? Na verdade, as visões da justiça são tão imutáveis quanto o estilo dos sapatos. As regras de moralidade mudam ao longo das gerações e podem mudar mais de uma vez durante uma única vida humana. Não faz tanto tempo, a moralidade exigia que a civilização fosse disseminada por meio da expansão do poder imperial. Hoje, a moralidade condena os impérios de qualquer tipo. Esses julgamentos são irreconciliavelmente opostos. Mas trazem a mesma satisfação para quem os enuncia — uma sensação gratificante de virtude.

Quando as pessoas falam de moralidade, não sabem do que estão falando. Mas, ao mesmo tempo, estão invariavelmente seguras a respeito do que dizem. Pode parecer um paradoxo, mas não é, dado que o que elas estão fazendo é exprimir suas emoções. Com exceção dos fatos que elas podem citar para apoiá-las, não há nada verdadeiro ou falso em seus julgamentos de valor. É por isso que não pode haver acordo sobre a moralidade. Se os julgamentos morais exprimem não mais do que emoções, não há nada a respeito do que concordar (ou discordar).

Alguns filósofos pensam que a convicção de que os valores humanos são emocionais e subjetivos é um subproduto do individualismo moderno.[2] Mas, uma vez que esta convicção já existia entre os antigos céticos gregos, isso parece improvável. Uma visão subjetiva da ética é, mais provavelmente, um resultado do esvaziamento da religião. Definida em leis e mandamentos universais, a "moralidade" é uma relíquia do monoteísmo. Se essas sentenças não têm autor, que autoridade podem possuir? Na religião, o autor era Deus. Mais tarde, com o surgimento do Iluminismo, passou a ser "a humanidade". Mas a humanidade não pode ser a autora de nada, já que não existe nada que se pareça com um agente humano universal. Tudo o que existe é uma imensa variedade de animais humanos, com suas múltiplas e diferentes moralidades.

Isso provoca perplexidade em pessoas que foram educadas para achar que a moralidade é única e universal. Assim, elas continuam a pensar e falar como se a moralidade fosse clara para qualquer um, quando na verdade ela é completamente opaca para aqueles que a praticam.[3]

SPINOZA SOBRE A VIDA DE ACORDO COM SUA NATUREZA

Felizmente, existem outras maneiras de pensar sobre a boa vida. Na Grécia e na China antigas, havia tradições éticas que não se referiam ao que é hoje conhecido como moralidade. Para os gregos, a vida boa era aquela vivida segundo a *dike* — a natureza do indivíduo e seu lugar na ordem natural. Para os chineses, significava viver de acordo com o *tao* — a ordem universal, tal como se manifesta na própria natureza do indivíduo. Há muitas diferenças entre esses tipos antigos de ética. Mas o que existe de comum entre eles é útil ainda hoje para nós.

Esses modos de pensar não põem em destaque a "moralidade" porque nenhum deles supõe que só existe um tipo de vida, definido por Deus para todos os seres humanos. Tampouco supõe que o cerne de uma vida boa é a preocupação com os outros. Em vez disso, a boa vida consiste em viver para nós mesmos, com a natureza que nos foi concedida. É claro que a vida boa requer virtudes — características e habilidades que tornam possível sobreviver e se desenvolver —, mas essas virtudes não se relacionam apenas com o que aprendemos a avaliar como moralidade. Elas incluem também a estética, a higiene e toda a arte de viver, e não são exclusivas dos seres humanos. Segundo essa visão, a ética — do grego *ethikos*, significando "caráter" ou "resultado do hábito" — também é encontrada em animais não humanos.

Aristóteles reconheceu que animais não humanos como os golfinhos tinham virtudes. Em vários pontos da sua *História dos animais*, o filósofo nota que eles amamentam seus filhotes, comunicam-se uns com os outros e cooperam quando vão pegar peixes para se alimentar.[4] Ele baseou esses comentários em observações diretas enquanto viajava com pescadores no mar Egeu. Aristóteles considerava que tudo no universo tem um *telos*, ou objetivo, que é o de seguir a própria natureza de acordo com o que se é. Uma vida boa é aquela na qual esse propósito é alcançado. Quando os golfinhos se juntavam para pegar peixes, eles estavam demonstrando um traço de caráter necessário para esse fim — ou seja, uma virtude. Os golfinhos estavam vivendo uma boa vida de um modo específico, próprio dos golfinhos.[5]

O antigo pensamento chinês contém uma maneira semelhante de pensar. O taoismo de Lao Tse e Chuang Tse girava em torno das ideias de *tao* e *te*: o caminho ou a natureza das coisas, e a habilidade de viver de acordo com eles. Embora *te* costume ser traduzido como "virtude", ele não se referia a nenhuma capacidade exclusivamente "moral", e sim à força interior necessária para agir de acordo com a natureza das coisas. Segui-la significava agir como se deve, e isso não era verdadeiro apenas para os humanos. Todas as criaturas vivas só se desenvolviam na medida em que obedeciam às suas próprias naturezas.[6]

O conceito de ética de Aristóteles é antropocêntrico e hierárquico. Embora admita que existem virtudes em outros animais, ele insiste que a vida boa só se realiza plenamente em poucos seres humanos. A mente humana se parece com a de Deus — um intelecto divino, ou *nous*, a causa final ou "força motriz impassível" do universo — e tudo o que existe tenta ser como Deus. Em consequência, para Aristóteles, o animal humano é o *telos* — o fim ou objetivo — do universo.

Essa ideia se ajustava bem ao cristianismo e persistiu nas teorias populares sobre a evolução. A teoria de Darwin, no entanto, é completamente diferente: a seleção natural não tem um propósito, e a espécie humana surgiu por acidente. Os humanos não são "melhores" que as inúmeras espécies extintas. Mas Darwin enfrentou dificuldades para se manter fiel à sua visão.[7] Hoje, muitos dos seus seguidores estão convencidos de que os humanos são mais valiosos que os outros animais, o que não faz sentido, a menos que se acredite numa hierarquia cósmica de valores.

No pensamento taoista, por outro lado, os seres humanos não são em nada especiais. Como todas as demais criaturas, eles são cachorros de palha — objetos cerimoniais preparados com esmero para os rituais e depois casualmente queimados. Como disse Lao Tse: "O céu e a terra são impiedosos e tratam as incontáveis criaturas como cachorros de palha."[8] O universo não tem favoritos e o animal humano não é seu objetivo. O universo é um processo de mudanças infinitas sem propósito, não tem objetivo.

Na principal tradição ocidental, os seres humanos estão acima dos outros animais porque são mais capazes de ter pensamentos conscientes. Para Aristóteles, a melhor vida é a contemplação intelectual do cosmos, ao passo que para os cristãos é o amor de Deus. Nos dois casos, a consciência de si é uma parte integral do viver bem. Para os taoistas, ao contrário, a autoconsciência dos seres humanos é o maior obstáculo para uma vida boa.

Segundo Aristóteles, o melhor exemplo de ser humano era alguém como ele — masculino, proprietário de escravos e grego —, que era devotado à pesquisa intelectual. Além de justificar os preconceitos locais do seu tempo — um hábito quase universal entre os filósofos —, essa visão tem um defeito ainda mais radical. Ela supõe que a melhor vida para os humanos é igual para todos, ao menos em princípio. Na verdade, a maioria não tem como alcançá-la, o que apenas demonstra a inferioridade em relação aos que conseguem. A possibilidade de que os seres humanos possam se desenvolver de muitas maneiras diferentes, que não podem ser avaliadas segundo uma escala de valores, não ocorreu a Aristóteles. Tampouco a ideia de que outros animais pudessem viver uma vida boa de maneira inalcançável pelos seres humanos.

O taoismo oferece, mais uma vez, um contraste interessante. As vidas humanas não são classificadas segundo seu valor, e a melhor vida para os outros animais não significa ficarem mais parecidos com os seres humanos. Cada animal individual, cada criatura, tem sua forma de vida boa.

Quem chegou mais perto dessa visão, no pensamento ocidental, foi Baruch Spinoza (1632-77), com sua ideia de *conatus* — a tendência dos seres vivos a preservar e melhorar sua ção no mundo. O neurocientista Antonio Damasio, que enxerga em Spinoza antevisões de descobertas científicas recentes relacionadas à unidade entre mente e corpo, cita uma das proposições contidas na *Ética* (1677) para tornar mais clara sua ideia:

> A citação vem da Proposição 18, na parte IV da *Ética*, na qual se lê o seguinte: "[...] o primeiro fundamento da virtude é o esforço (*conatum*) para conservar o próprio ser, e a felicidade consiste na capacidade humana de preservar seu ser" [...]. É necessário fazer um comentário sobre os conceitos utilizados por Spinoza [...]. Primeiro

A ÉTICA FELINA 61

> [...] a palavra *conatum* pode ser traduzida como empenho ou tendência ou esforço, e Spinoza pode ter pensado em qualquer um desses significados, ou talvez uma fusão dos três. Segundo, a palavra *virtutis* pode se referir não apenas ao seu tradicional significado moral, como também ao poder e à capacidade de agir [...] aqui está a beleza por trás dessa famosa citação, vista de uma perspectiva contemporânea: ela contém os fundamentos para um sistema de comportamentos éticos, e esses fundamentos são neurobiológicos.[9]

As ambiguidades às quais Damasio se refere não são incidentais. Elas são o testemunho da luta de Spinoza para exprimir uma filosofia subversiva em termos tradicionais.

Pode haver diversas razões para a tergiversação de Spinoza. Assim como Montaigne, ele descendia de uma família judia que fugiu da Península Ibérica para escapar da perseguição e conversão forçada promovidas pela Inquisição. Mais ousado que Montaigne, ele foi expulso em 1656 da sinagoga central em Amsterdam por ter disseminado entre seus correligionários algumas das ideias consideradas heréticas que seriam publicadas postumamente na *Ética*. Após ter sido expulso, lhe foi oferecido um cargo acadêmico que ele recusou, temendo comprometer sua liberdade de pensamento e publicação. Em lugar disso, passou a viver modestamente como polidor de lentes, uma ocupação que pode ter encurtado sua vida.

Os críticos de Spinoza estavam certos ao considerar que suas ideias eram heréticas. Para ele, Deus não é o poder que criou o universo. Deus é uma substância infinita, *Deus sive Natura*, Deus ou Natureza, subsistente por si mesmo e eterno. Os valores humanos não podem ser derivados de um Deus que criou o universo, uma vez que Deus é o próprio universo. A linguagem ambígua de Spinoza pode ter sido uma tentativa de tornar sua filosofia mais palatável para aqueles que o tinham excluído. Mas pode ser também que ele tenha subestimado até que ponto sua filosofia abalava as crenças tradicionais. Às vezes ele parece recuar daquilo que é mais original no seu pensamento.

O filósofo britânico Stuart Hampshire, que estudou a filosofia de Spinoza por muitos anos, explicou o conceito de *conatus*:

> Assim como qualquer outra coisa particular identificável na ordem natural, um homem tenta, por meio da sua atividade característica, preservar a si mesmo e à sua natureza particular como indivíduo, e aumentar seu próprio poder e atividade em relação ao seu ambiente. Essa tentativa (*conatus*), ou força interior de autopreservação, é o que faz de cada indivíduo um indivíduo [...].
>
> [...] A tendência humana natural, ou *conatus*, não é de fazer de si mesmo um exemplar bom ou perfeito da sua espécie; ou concretizar, com sua atividade, algum ideal de humanidade; mas, sobretudo, preservar a si mesmo, este indivíduo, como um ser ativo que é independente na sua atividade na medida do possível. Ele só conquistará a virtude, e terá sucesso em obter o que necessariamente deseja, quando, e apenas quando, for comparativamente livre e autodeterminado em sua atividade.[10]

Na visão de Spinoza, "bom" é o que favorece esse esforço, "mau" é o que o bloqueia. Os valores não são propriedades objetivas das coisas, mas também não são puramente subjetivas. A virtude de um indivíduo é o que prolonga e estende sua atividade no mundo. Mas a massa dos seres humanos não tem compreensão de si mesmos e do seu lugar no mundo. Em consequência, estão frequentemente enganados a respeito de como vivem.

A ÉTICA FELINA 63

Ao enxergar o bem e o mal dessa maneira, escreve Hampshire, "Spinoza representa o estudo da ética, nas então dominantes tradições judaica e cristã, como um imenso erro, como a busca de uma ilusão nociva".[11] A ilusão nasce em parte da crença no livre-arbítrio. As teorias tradicionais da moralidade supõem que existem vários caminhos abertos a nós para serem escolhidos e seguidos. Mas, no pensamento de Spinoza (como em algumas teorias contemporâneas em neurociências), o que achamos que são nossas próprias escolhas são o resultado de fatores complexos agindo em nosso organismo.[12] Nossos pensamentos e decisões não são independentes dos nossos corpos, que funcionam independentemente do que achamos que é nossa mente consciente e nossa vontade. A experiência de seguir uma opção é um subproduto dos nossos desejos conflitantes. O livre-arbítrio é a sensação de não saber o que vamos fazer. Na verdade, nossa tendência é manter e estender nosso próprio poder, o que no entanto pode não ser realizável em razão das fantasias que toldam a mente humana.

Spinoza acreditava que tudo no universo é como deve ser. Nada é acidental ou fortuito. É por isso que ele rejeitava a ideia de livre-arbítrio. Mas não é necessário aceitar a visão metafísica de Spinoza para compreender o poder do seu desafio à ideia tradicional de moralidade. Também não é necessário aceitar que tudo o que existe está tentando continuar a existir. Tudo o que a ética de Spinoza requer é a ideia de que os seres vivos asseguram seus direitos como entes particulares que são.

Isso é muito diferente da visão clássica, apresentada por Aristóteles, de que tudo luta para se tornar uma espécie perfeita do seu tipo; e da visão monoteísta, que afirma que os seres humanos conquistam uma vida boa ao se aproximar da perfeição de um ser divino. Depois que se abre mão dessas crenças tradicionais, não se cai mais na tentação de crer que os humanos são especiais porque são capazes de escolher seu próprio bem. Passa-se a pensar que os seres humanos são como outras criaturas, que buscam o bem que suas naturezas demandam.

Os humanos são guiados pela autopreservação. Mas, como suas mentes são confusas, são muitas vezes autodestrutivos. Isso poderia ser evitado com pensamentos de segunda ordem:

> O instinto central de autopreservação, que determina em parte nossos demais apetites, se ajusta perfeitamente a uma característica universal e inalterada das coisas físicas individuais. Nossas reflexões racionais têm como objeto nossos desejos mais importantes, e a atividade de pensamento é materializada numa atividade correspondente no cérebro. Refletindo, formando ideias de ideias, avaliamos o desejo, ou qualquer outro pensamento, positiva ou negativamente, o reafirmamos ou o negamos, ou suspendemos nosso julgamento sobre ele. A reflexão é uma atividade da mente, sua autoafirmação, contra as intervenções (*inputs*) de coisas externas.[13]

Na verdade, nenhum ser humano pode alcançar a liberdade mental que Spinoza acreditava ser possível apenas para uns poucos. Sua ideia de que o pensamento reflexivo pode limpar a mente de fantasias é, em si mesma, uma fantasia. Spinoza escreveu que era preciso ater-se a suas "verdades necessárias" como se fossem "balsas num mar agitado".[14] Mas seus axiomas eram ficções, e sua balsa salva-vidas metafísica uma construção esburacada.

Mesmo quando se afastava de um conceito tradicional de moralidade, Spinoza dava continuidade à tradição racionalista segundo a qual a vida mais consciente é a melhor. Uma mente dividida poderia se unificar identificando-se com a razão que está corporificada no cosmos. Mas, se a razão cósmica é uma criação da imaginação humana, o pensamento reflexivo — o pensamento

A ÉTICA FELINA

sobre seus processos de pensamento — só exacerbará a divisão interna.

A falha do racionalismo é a crença de que os seres humanos podem viver por meio da aplicação de uma teoria. Mas a teoria — uma palavra que vem do grego *theorein*, que significa "olhar para" — não pode substituir o conhecimento prático de como viver. Platão desorientou a filosofia ocidental quando representou o conhecimento do bem em termos de experiência visual. Podemos olhar para alguma coisa sem tocá-la; mas a vida boa não é assim. Só podemos conhecê-la se a vivenciamos. Se pensamos excessivamente sobre ela e a transformamos numa teoria, ela pode dissolver-se e desaparecer. Ao contrário do que pensava Sócrates, uma vida examinada pode não valer a pena ser vivida.

Spinoza reavivou a crença de Platão de que, quanto mais consciente se torna uma vida, mais ela se desloca em direção à perfeição. Mas, se o valor de uma vida é o valor que ela tem para o indivíduo que a vive, qualquer hierarquia de valor perde o sentido. Viver bem não quer dizer ser a cada dia mais consciente. A melhor vida para qualquer coisa viva é a existência em si mesma.

Isso diverge da visão romântica de que cada um de nós deveria criar uma individualidade única para si próprio. Para os românticos, os seres humanos criam suas vidas da mesma forma que os artistas fazem seu trabalho, e o valor de qualquer obra de arte depende da sua originalidade. Nesse ponto, os românticos seguiram a ideia bíblica da criação a partir do nada, que não é encontrada no pensamento grego antigo. O romantismo é um dos vários sucedâneos modernos do cristianismo.

Uma ética spinozista-taoista é bem diferente. Os seres humanos são como os outros animais. Uma vida boa não é moldada pelos seus sentimentos. Seus sentimentos são moldados pelo seu sucesso em ter concretizado sua natureza.

Hoje, para muitas pessoas, nenhum modo de vida poderia ser mais opressivo. A cultura contemporânea rejeita a ideia de natureza pela mesma razão que rejeita a ideia de Deus. Ambos estabelecem limites à vontade humana. O humanismo moderno segue os românticos, que idealizaram o mundo natural mas ainda o viam como inferior ao que de melhor os humanos poderiam criar. Para esses inadvertidos pós-cristãos, ser livre significa rebelar-se contra a natureza, inclusive sua própria. Para Spinoza e os taoistas, por outro lado, qualquer rebelião desse tipo está condenada ao fracasso. Os seres humanos são como as outras criaturas, que querem manter e estender seu poder no mundo. Todos são regidos pelo seu *conatus*, a autoafirmação de todas as coisas vivas.

Em Spinoza e no taoismo, o poder significa ser capaz de ser o que se é. O bicho-preguiça langoroso afirma seu poder enquanto dorme durante os dias, assim como o tigre na caça. Exercer o poder, neste sentido, não implica dominar os demais. Mas, se a ética consiste na afirmação da sua natureza individual, você pode se achar fora da moralidade tal como concebida por monoteístas e humanistas.

Spinoza, por exemplo, considerava um vício sentir pena. "A pena num homem que vive guiado pela razão", ele escreve na *Ética*, "é ruim em si mesma e inútil". A pena é um tipo de dor, ele continua, e a dor é maléfica. Podemos agir para aliviar a condição de alguém por quem sentimos pena, mas só se essa ação for exigida pela razão. Spinoza conclui:

> Daí se conclui que um homem que vive de acordo com os preceitos da razão se esforça o máximo possível para não ser afetado pela pena.
>
> Aquele que sabe corretamente que todas as coisas existem por necessidade da natureza divina, e surgem conforme as leis e regras eternas da natureza, não verá absoluta-

mente nada que deva ser objeto de ódio, riso ou desprezo, nem sentirá nenhuma compaixão [...] aquele que sente com facilidade a emoção da pena, e chega às lágrimas em vista da miséria de um outro, costuma fazer alguma coisa da qual se arrependerá mais tarde; tanto porque não podemos fazer nada com base na emoção que leve com certeza a alguma coisa boa, como também porque somos facilmente enganados por falsas lágrimas.[15]

A ética de Spinoza diverge da moralidade tradicional por não ser constituída de regras ou leis estipuladas por alguma autoridade humana ou divina. Ela também vê as virtudes e os vícios de forma diferente. A pena é um vício porque é causa de tristeza e reduz a vitalidade. A ética taoista se afasta igualmente da moralidade. Ela reconhece o caminho dos sábios, assim como o dos tiranos e assassinos, do guerreiro e do criminoso, junto com o caminho das massas de seres humanos que passam suas vidas resistindo às circunstâncias. Alguns se empenham na autoafirmação, outros tendem à autodestruição. Alguns dão a vida, outros a tiram. Os caminhos dos seres humanos são impiedosos, como o caminho em si.

Isso está longe da vontade de poder que se tornou um evangelho popular na Europa ao final do século XIX e início do século XX. Em alguns dos seus últimos trabalhos, Friedrich Nietzsche (1844-1900) flertou com a ideia de que tudo no mundo é uma luta pelo poder. Nietzsche admirava Spinoza e dizia que havia aprendido muito com ele, mas a vontade de poder de Nietzsche não é a potência que Spinoza vê em cada coisa particular. É uma versão invertida da vontade de viver universal de Schopenhauer, seu mentor no início da carreira. A diferença é que, enquanto Schopenhauer lamenta o sofrimento trazido pela vontade de viver, Nietzsche se entusiasma com a contenda que ela proporciona.

Antes de Nietzsche, o filósofo inglês Thomas Hobbes afirmou, no século XVII, que os seres humanos eram impelidos por uma vontade insaciável de poder: "Proponho que há uma propensão geral de toda a humanidade, um desejo perpétuo e incansável de poder e mais poder, que só termina com a morte."[16] Hobbes pensava que esse desejo nascia do medo de outros seres humanos, e mais especificamente de ser submetido por eles a uma morte violenta. Para os humanos, uma morte como essa era o *summum malum*, o mal supremo.

Quando descreveu os seres humanos no estado de natureza — um construto ficcional que representava a ausência de ordem na sociedade —, Hobbes chegou mais perto da realidade do que seus críticos gostam de admitir. A guerra é tão natural quanto a paz, e a história contém muitos períodos durante os quais a violência é normal. Hobbes acreditava que os seres humanos poderiam evitar essa situação mediante o estabelecimento de um soberano que manteria a ordem na sociedade. Mas o medo da morte violenta não é o instinto mais forte no homem. Não vivemos apenas para evitar a morte. Afirmar nossa natureza pode incluir desafiar a morte. Os seres humanos aceitam voluntariamente a morte como o preço a pagar para proteger alguém ou alguma coisa que eles amam. Apenas sobreviver é um modo de vida infeliz, e não é contra a natureza estar pronto para morrer. Como veremos no Capítulo 5, os seres humanos também se propõem a morrer — e matar — por uma ideia com a qual se identificam.

A visão de Spinoza do suicídio é curiosa. Já que tudo tenta persistir como a coisa particular que é, ninguém pode na verdade querer parar de existir. Ninguém quer acabar com a própria vida: um suicídio é alguém que é morto pelo mundo. Assim como Spinoza escreve na *Ética*: "Nada pode ser destruído a não ser por uma causa externa."[17] De um outro ponto de vista, as pessoas cometem suicídio quando seu *conatus* se vira contra si mesmo.

Spinoza acreditava que os seres humanos — se fossem inteiramente racionais — poderiam evitar totalmente pensar na morte. Numa famosa passagem da *Ética*, ele escreve: "Um homem livre não dá a menor importância à morte, e sua sabedoria é uma meditação sobre a vida, não sobre a morte." Ele acreditava que podia demonstrar a verdade dessa proposição:

> *Prova* — Um homem livre, isto é, alguém que viva apenas sob o comando da razão, não é guiado pelo medo da morte [...] mas sim deseja diretamente o que é bom [...] isto é [...] agir, viver e preservar seu ser, buscando o que é útil para ele. Em consequência, ele não dá nenhuma importância à morte, e sua sabedoria é uma meditação sobre a vida. C.Q.D.[18]

O C.Q.D. de Spinoza é excêntrico. Podemos reprimir o pensamento sobre a morte como reprimimos muitos outros, mas isso apenas o deixa emboscado em algum lugar escuro da mente. O ser humano que não dá nenhuma importância à morte não existe.

EGOÍSMO ALTRUÍSTA

Herdamos a crença de que a forma mais nobre de moralidade é o altruísmo — isto é, a generosidade de viver para os outros. A empatia, nessa tradição, é o coração da vida boa. Os gatos, por sua vez, mostram poucos sinais de interesse pelos sentimentos dos outros, exceto quando se trata dos seus filhotes. Eles podem perceber quando seus companheiros humanos estão angustiados, e ficar junto deles durante um período difícil. Podem ajudar os doentes e os moribundos. Mas os gatos não vão se sacrificar ao assumir esses papéis. Eles vão trazer alívio das tristezas aos humanos apenas estando presentes.

Como são predadores, um sentimento de empatia altamente desenvolvido seria prejudicial aos gatos. É por isso que eles não dispõem desse sentimento. Essa é também a razão pela qual a crença popular de que os gatos são cruéis é um engano. A crueldade é a empatia com sinal trocado. Se você não sente nada pelos outros, não pode sentir prazer na sua dor. Os humanos exibiam essa empatia negativa quando torturavam gatos na Idade Média. Os gatos, pelo contrário, não sentem prazer em atormentar um rato aprisionado quando brincam com ele. Provocar a presa exprime sua natureza de caçadores. Em vez de torturar as criaturas em seu poder — uma singular preferência humana —, eles estão brincando com elas.

A conexão entre altruísmo e a vida boa parece ser evidente, mas é uma novidade no campo da ética. Preocupar-se com os outros não aparece muito nos valores da Grécia antiga. Não há nada em Aristóteles sobre o sacrifício de si mesmo; o "homem com uma grande alma", quando não estava contemplando o cosmos, passava o tempo se admirando. O altruísmo também não tem muita importância no budismo primitivo, no qual o objetivo é se livrar da ilusão do eu de modo a atingir um estado de completa tranquilidade, ou *nirvana*. Buda parece ter acreditado que só os humanos poderiam conquistar essa libertação. As tradições indianas antigas incluídas no corpo de práticas hoje chamadas de hinduísmo acreditavam que cada criatura conquistava a liberdade ao agir de acordo com a própria natureza. Neste ponto, as tradições hinduístas estão mais próximas do taoismo que do budismo. Para Buda, a libertação significava renúncia da individualidade, mas o objetivo ainda era de se libertar. Foi só mais tarde na história do budismo que surgiu a ideia de que, num ato supremo de generosidade, um indivíduo iluminado (*bodhisattva*) poderia renunciar ao *nirvana* e renascer para libertar todos os seres sencientes.

No caso do cristianismo, a vida boa nem sempre implicou ajudar os demais. O filósofo russo novecentista Konstantin Leontiev,

A ÉTICA FELINA 71

que na velhice entrou para um mosteiro ortodoxo e morreu como monge, via o cristianismo como uma espécie de "egoísmo transcendental" — um modo de vida focado na salvação do indivíduo.[19] O cristianismo é geralmente descrito como uma religião do amor, mas o amor do qual falam os místicos cristãos é o amor de Deus. Os seres humanos recebem amor como filhos de Deus, mas, se cometem erros, correm o risco da condenação eterna. A religião cristã não é mais definida pelo amor universal do que o budismo.

Existem filósofos hoje que pensam que a melhor vida é aquela que produz o maior bem. Com base numa filosofia utilitária divulgada por pensadores do século XIX como Jeremy Bentham, eles acreditam que a melhor vida maximiza o bem-estar comum, ou seja, é aquela que satisfaz os desejos de todos os que são afetados pelas ações de uma pessoa. Não ocorre a esses expoentes do "altruísmo efetivo" questionar se viver a vida boa e fazer o bem são a mesma coisa.[20] Afinal, é somente em razão de um acidente histórico que eles são considerados idênticos. Poucos pensariam desta forma se o cristianismo não tivesse triunfado e o ocidente ainda fosse governado por alguma versão da ética greco-romana.

O altruísmo é uma ideia moderna. A palavra foi inventada pelo sociólogo francês Auguste Comte (1798-1857) para definir a essência da religião da humanidade que ele criou e divulgou. Nesta religião supostamente científica, uma vida boa era aquela que servia à "humanidade", e não a algum ser divino. Que fique claro que o altruísmo cuja prática ele recomendava aos seus discípulos não era dirigido a nenhum ser humano existente. O beneficiário — a espécie iluminada que ele acreditava estar surgindo — era uma criação da imaginação humana ao mesmo título que a divindade que ela substituía, e nem um pouco mais verossímil.

Hoje quase esquecida, a religião secular de Comte exerceu uma enorme influência ao identificar a moralidade com o altruísmo. Dezenas de livros foram publicados nas últimas décadas defendendo

72 FILOSOFIA FELINA

que a moralidade pode ser definida em termos evolucionistas. Todos consideram óbvio que o comportamento moral é essencialmente altruísta, uma hipótese histórica e culturalmente tacanha: o conceito humanista-cristão de que a vida boa é aquela dedicada aos outros é apenas um dos modos de vida no qual os seres humanos encontram satisfação.

No entanto, esse conceito entrou tão profundamente no pensamento popular e científico que a ética tem sido descrita como "um auxiliar nas falhas graves do altruísmo".[21] Na biologia, o altruísmo é um conceito que se refere ao comportamento cooperativo, sobretudo no interior de grupos. Tendo mostrado que o altruísmo tem funções evolucionistas, alguns filósofos acreditam que explicaram a vida ética entre os humanos. Mas se explicaram alguma coisa foi só uma versão diluída da moralidade cristã, reformulada nos termos falsamente darwinistas do moderno intelectual secular.

Nem Spinoza nem o taoismo pensam que a vida boa é aquela que é vivida para os outros. Ao mesmo tempo, eles vinculam a autorrealização a um certo tipo de falta de ego. Como notou Paul Wienpahl, um filósofo estadunidense especialista em Spinoza que foi também um praticante de meditação zen durante muitos anos, o filósofo e cético setecentista francês Pierre Bayle identificou essa afinidade entre o spinozismo e o zen-budismo. Wienpahl escreveu:

> Que eu saiba, a primeira observação a respeito de uma semelhança entre Baruch Spinoza e o chan ou zen-budismo ocorre numa entrada sobre Spinoza no dicionário de Pierre Bayle, no qual Bayle relacionou o spinozismo com a "teologia de uma seita chinesa". Quando se lê a definição, fica claro que ele está se referindo aos relatos dos jesuítas sobre os chan (zen)-budistas, ou, como eram chamados pelos jesuítas, os seguidores de Foe Kaio (Nenhum Homem). Nessa nota, Bayle disse que não havia

A ÉTICA FELINA

nada de novo em Baruch Spinoza, uma vez que "a teologia de uma seita dos antigos chineses" também se baseia
na incompreensível noção do nada [...]. Para Bayle, ela
quer dizer que tudo o que é substancial é removido da
realidade.[22]

Wienpahl continua, observando que uma noção central no zen é
o nada do eu. A escola zen surgiu na China como resultado da
interação entre o budismo e o taoismo, e da intuição comum aos
dois de que o individualismo humano é uma ilusão.

Outro acadêmico que reconheceu a existência de uma afinidade
entre a ética spinozista e a taoista foi o norueguês Jon Wetlesen.
Em seu livro *The Sage and the Way: Spinoza's Ethics of Freedom*
[O sábio e o caminho: A ética da liberdade em Spinoza], Wetlesen
escreve que o taoismo "não visa nos transformar no que não somos, mas sim em ser o que somos. Isso não exige nenhum esforço
especial da parte do ego temporal, e sim uma extinção do ego".[23]
Ele vê a mesma distinção entre o ego e a verdadeira natureza do
indivíduo em Spinoza.

Uma ética na qual você compreende que sua natureza individual
diverge de qualquer ideia de autocriação. O eu com o qual os seres
humanos se identificam é uma criação da sociedade e da memória.
Formando uma ideia de si mesmos desde a mais tenra infância, eles
buscam a felicidade por meio da preservação e do reforço desta
autoimagem. Mas a imagem que eles têm de si mesmos não é a
realidade dos seus corpos ou das suas vidas, e persegui-la pode
conduzir não à satisfação, e sim à autofrustração.

Os outros animais não dividem a vida com fantasmas como
esses. A maioria deles não tem nenhuma imagem de si. Para eles,
a autopreservação não significa a existência contínua de um eu
imaginado, mas a contínua vitalidade do corpo. Eles não são seres
imaginários que examinam seus pensamentos e impulsos como

se pertencessem a algum outro ser. Quando agem, não sentem, como os humanos, que é uma entidade separada deles mesmos — a mente, o eu — que está agindo.

Com sua falta de uma autoimagem enganadora, os gatos são exemplares. Eles não se incluem no grupo seleto que passou no teste de autorreconhecimento no espelho (MSR, na sigla em inglês), desenvolvido em 1970 pelo psicólogo norte-americano Gordon Gallup Jr. O teste exige que o animal receba alguma marca física, geralmente um ponto colorido, numa parte do corpo que seja visível apenas num espelho. Se o animal tenta tocar a parte do corpo onde se encontra a marca, ele supostamente demonstrou ter autoconsciência. Os humanos, bonobos e gorilas passaram no teste, além de alguns cetáceos como golfinhos e baleias orca, e alguns pássaros como a pega (*magpie*). Outros pássaros da família dos corvos, porcos e macacos demonstraram ter consciência parcial de si mesmos no teste.

Os gatos reagem ao próprio reflexo com indiferença, ou como se fosse um outro gato. Alguns gatos ficam aparentemente aborrecidos quando os humanos riem deles, e algumas raças — como os siameses, por exemplo — têm a reputação de serem vaidosos. Mas, em vez de ficar incomodados com a forma pela qual são percebidos, esses gatos podem estar interpretando a reação humana a eles como hostil ou perigosa. Os gatos podem ser, repito, sedutores ou ameaçadores na companhia de outros gatos, mas não estão polindo a imagem que têm de si mesmos. Estão projetando uma imagem de si para os outros gatos com o objetivo de seduzir uma parceira sexual ou proteger seu território.

Alguns estudos mostraram que os gatos podem entender o próprio nome, mas quando são chamados podem não se dar ao trabalho de responder.[24] A história da sua interação com os humanos não os deixou tão dependentes a ponto de precisar responder ao nome que os humanos lhes deram. Ao contrário dos cães, eles

A ÉTICA FELINA

não adquiriram nenhum dos sentidos humanos de si mesmos. Certamente sabem a diferença entre eles mesmos e o mundo que está fora deles. Mas não é um ego ou um eu interior que interage com o mundo; é o próprio gato.

A ética felina é uma espécie de egoísmo desinteressado. Os gatos são egoístas na medida em que só cuidam de si mesmos e daqueles que amam. E são desinteressados porque não têm uma imagem de si mesmos que buscam preservar e engrandecer. Os gatos não vivem de modo egoísta, mas sendo desinteressadamente eles mesmos.

Os moralistas tradicionais resistirão à ideia de uma ética felina. Como pode ser moral uma criatura que não compreende os princípios de certo e errado? Com certeza, só o comportamento que de fato obedeça a esses princípios pode ser moral. A ação deve ter uma razão que é conhecida por aquele que age; do contrário, não pode haver moralidade.

Este é um refrão conhecido. Mas, se é isso o que a moralidade exige, então os humanos também não podem ser morais. É fato que eles podem mencionar um ou outro princípio e depois tentar segui-lo. Mas têm uma ideia muito débil da razão pela qual agem de um modo ou de outro. Por que um princípio e não outro? Se dois princípios são conflitantes, como podem decidir entre eles? Se encontram uma razão para explicar as próprias ações, como sabem se foi ela que os fez agir daquela maneira? Os seres humanos não decidem agir "moralmente", assim como não decidem espirrar ou bocejar. As filosofias nas quais uma vida boa consiste em se comportar de modo autodeterminado são truques cujo objetivo é enganar o mágico.

O erro está na crença de que uma vida boa é aquela que segue uma ideia do bem. Uma ideia quer dizer aqui uma espécie de visão, como em Platão. Tendo entrevisto o bem, passamos nossa vida lutando para nos aproximarmos dele. O gatos não fazem nada disso, é claro. Embora eles possam enxergar no escuro, o faro e o toque são mais importantes na sua vida. Uma vida boa é a que eles tocaram e farejaram, e não uma visão indistinta de algo que está muito longe.

Uma vida boa não precisa concretizar nenhuma ideia. Alguém que reaja ao sofrimento de outras pessoas ajudando-as está demonstrando compaixão, tenha ou não ideia do que está fazendo. Talvez seja até mais virtuoso se não tiver noção de que está demonstrando compaixão. A mesma coisa vale também para a coragem.

Assim como entre os humanos, a boa vida dos gatos depende das suas virtudes. Aristóteles notou que uma pessoa imprudente não pode se desenvolver, independentemente das outras virtudes que possa ter: qualquer coisa que ela fizer dará em nada. Da mesma forma, um gato que estiver sempre com medo não poderá viver bem. Seja na natureza ou em povoações humanas, a vida de um gato é perigosa. A coragem é uma virtude tão importante para os gatos quanto para os seres humanos. Sem ela, nem os gatos nem os humanos podem prosperar.

Uma vida boa para qualquer coisa viva depende do que ela necessita para satisfazer sua natureza. Uma vida boa é dependente da sua natureza, não de opiniões ou convenções. Como observou Pascal, os seres humanos possuem a particularidade de ter uma segunda natureza formada por costumes, além da natureza com a qual nasceram. Eles confundem facilmente a segunda natureza com a primeira, e muitos que viveram de acordo com os costumes da sua sociedade acabaram vivendo mal. Errar sobre a própria natureza não é costumeiro entre os gatos.

Com certeza não sabemos como é ser um gato. Nem podemos saber como é ser um outro ser humano. Mas pensamos, com razão, que alguém que acredita que os outros seres humanos são máquinas sem sentimentos é um doente mental, mesmo que filósofos como Descartes, que levantaram essa hipótese a respeito dos outros animais, sejam festejados como sábios. Na verdade, o mundo interior dos gatos pode ser mais lúcido e vívido do que o nosso. Seus sentidos são mais agudos e sua atenção, quando despertos, livre de sonhos. A ausência de uma autoimagem pode tornar suas experiências mais intensas.

A julgar pela maneira focada com que os gatos se conduzem, a condição felina de desinteresse tem alguma coisa a ver com o estado zen de "sem mente". Quem atinge esse estado de "sem mente" não é desatento. "Sem mente" quer dizer atenção sem distrações[25] — em outras palavras, estar totalmente concentrado no que está fazendo. Nos humanos, isso raramente ocorre de modo espontâneo. O melhor arqueiro é aquele que dispara sua flecha sem pensar, mas só se consegue isso treinando durante uma vida inteira.[26] Os gatos têm esse estado de "sem mente" como qualidade inata.

Os filósofos que negam a consciência em outros animais atribuem a si mesmos um estado mental que só conhecem de forma intermitente, se tanto. A vida interior dos humanos é episódica, confusa, desarticulada e por vezes caótica. Não há um eu que seja mais ou menos autoconsciente, apenas uma mixórdia de experiências que são mais ou menos coerentes. Atravessamos nossas vidas de modo fragmentado e desconexo, surgindo e desaparecendo como fantasmas, enquanto os gatos, que não têm um ego, são sempre eles mesmos.

4

Amor humano *versus* amor felino

As relações de amor apaixonadas estão no centro de muitas vidas humanas. Em geral, trata-se do amor por um outro ser humano, mas também pode ser o amor por um animal não humano. Às vezes, esses amores podem gerar conflitos. A literatura e as memórias podem iluminar as diferenças entre os dois.

O TRIUNFO DE SAHA

Uma colisão entre o amor por um humano e o amor por um felino é o tema de *La Chatte* [A gata] (1933), um curto romance escrito por Sidonie-Gabrielle Colette (1873-1954). Nascida numa família francesa de classe média decadente, a autora foi induzida a se casar, aos vinte anos, com um escritor conhecido que passou a utilizar o talento literário dela para publicar livros assinados por ele mesmo. Em 1906, Colette deixou o marido e, durante alguns anos, ganhou a vida precariamente como atriz de teatro. Em 1912, casou-se com o editor de um jornal importante, mas o casamento terminou em divórcio doze anos depois em razão de um caso amoroso que ela teve com seu enteado de dezesseis anos. Colette casou-se novamente em 1925 e este casamento durou até sua morte. Ela teve também relações amorosas com mulheres, algumas tendo durado muitos anos; e tinha também paixão por gatos, que dizia serem necessários para sua solidão. Ela nunca parou de escrever por muito tempo e, em 1948, foi indicada para o Prêmio Nobel de Literatura. Quando morreu, era uma das escritoras mais respeitadas do mundo.

Judith Thurman, biógrafa de Colette, escreve a propósito de *La Chatte*: "Neste romance, no qual uma gata é a heroína romântica, a prosa de Colette é particularmente felina — ao mesmo tempo solta e voluptuosa, observando minuciosamente os prazeres e irritações da carne que passam despercebidos pelos sentidos mais grosseiros dos humanos."[1] A heroína é Saha, uma gatinha chartreux (azul russa) de olhos dourados que vive com Alain, um jovem sonhador que gosta sobretudo de passar o tempo com ela no belo jardim da mansão prestes a desmoronar da família. Estimulado por sua mãe, Alain se casa com Camille, uma jovem sexualmente desinibida de dezenove anos, e os jovens "se entregam à diversão que faz as horas passarem depressa e os corpos alcançarem o prazer com facilidade".[2] Mas Alain logo se cansa de Camille. Seu corpo parece menos belo do que imaginava e ele se sente esgotado com suas demandas por sexo. Em pouco tempo, ele se sente entediado com ela. Sempre que pode, vai para o jardim com Saha.

Camille fica mais ciumenta a cada dia. Certa manhã, quando Alain está fora de casa, ela joga Saha pela janela do apartamento num andar alto onde estão morando. A queda de Saha é amortecida por um toldo e ela sobrevive sem se ferir. A tentativa fracassada de matar sua gata permite a Alain se libertar de uma ligação humana que se tornou opressiva. Levando Saha numa cesta, ele volta para a casa da mãe. Na manhã seguinte, Camille surge, pedindo perdão. Alain não aceita. Falando baixo e devagar, ele diz a ela: "Uma pequena criatura inocente, azul como os mais lindos sonhos. Uma pequena alma. Fiel, capaz de morrer silenciosa e delicadamente se o que ela escolheu a trai. Você esteve com *isso* entre suas mãos, sobre o espaço vazio... e você abriu suas mãos. Você é um monstro. Não quero viver com um monstro."[3]

Camille fica horrorizada de ser "sacrificada" por causa de um animal. Depois de uma discussão raivosa, os dois se separam, deixando seu futuro em suspenso. Exausto, Alain se deixa afundar numa poltrona. De repente, "como um milagre", Saha aparece numa mesa de vime ao lado dele. "Saha estava alerta durante um tempo, seguindo atentamente, como um ser humano, a saída de Camille. Alain estava meio deitado de lado, distraído. Com uma das mãos encurvada como se fosse uma pata, ele brincava habilmente com as primeiras castanhas verdes e espinhosas de agosto."[4]

Essas últimas palavras do curto romance resumem seu tema central. Ao amar Saha mais do que ama qualquer humano, Alain se torna ele mesmo semelhante a um gato. Apesar de ser descrita de forma oblíqua, a gata chartreux é o personagem mais bem-construído da história. Os ciúmes de Camille são postos a nu; os de Saha são apenas sugeridos. A vitória da gata fica clara desde o início.

Para um amante de gatos, é uma história deliciosa. A falha no enredo está no ciúme de Saha. Os gatos podem sentir ciúme em relação a outros gatos, embora o que pareça ciúme para nós possa ser apenas uma reação à perturbação nos seus hábitos provocada pela entrada de outro gato em seu território. Os gatos raramente demonstram ciúme quando outro ser humano passa a conviver com o humano com o qual eles próprios vivem. Os cães podem exigir atenção e devoção exclusiva dos seus donos. Em seu livro de memórias *My Dog Tulip* (1956) [Minha cadela Tulip], o escritor, editor e radialista britânico J. R. Ackerley lembra a intensa possessividade de Queenie, sua companheira canina.[5] (O nome da cadela foi mudado no livro, sob a alegação de que o nome real poderia revelar a orientação sexual do autor, embora Ackerley nunca tenha escondido o fato de ser gay.) O livro de Ackerley é uma das grandes narrativas do amor entre um ser humano e um animal não humano, mas não poderia ter sido escrito se Queenie fosse um gato.

Qualquer pessoa que conviveu com gatos sabe que eles gostam de estar conosco. Quando se deitam de costas e pedem para ser coçados, estão expondo a parte mais vulnerável do seu corpo para um humano em quem aprenderam a confiar e a quem são afeiçoados. Eles sentem prazer na nossa companhia e em brincar conosco. Mas este não é o tipo de vínculo com Queenie descrito por Ackerley. Os gatos têm frequentemente várias casas, escolhidas por eles, para as quais vão em busca de comida e atenção. Se seu companheiro humano mais próximo sai durante um tempo, um cachorro pode ficar infeliz. Um gato parece não se importar quando o humano mais conhecido se afasta. Os gatos podem chegar a amar seres humanos, mas isso não quer dizer que precisam deles ou sintam qualquer compromisso com eles.

A MAIOR PRESA DE MING

A romancista e contista norte-americana Patricia Highsmith (1921-95) criou o assassino amoral Tom Ripley, que protagoniza cinco dos seus livros e alguns filmes adaptados a partir deles; e também escreveu histórias nas quais animais maltratados se vingam de seres humanos. Andrew Wilson, biógrafo de Highsmith, escreve sobre essas histórias: "Ao colocar os animais como sujeitos, dando voz aos seus pensamentos, Highsmith rompe com a tradição filosófica ocidental que louva o racionalismo do homem."[6] Uma das suas histórias tem como personagem principal uma barata, que se acha no direito de se considerar tão residente no hotel onde vive quanto os humanos que se hospedam lá.

Alguns críticos já afirmaram que Highsmith baseou Ripley nos seus gatos, e dizem que ela chamava um deles de Ripley, o nome do seu anti-herói psicopata. Mas só humanos podem ser psicopatas.[7] Os gatos podem às vezes parecer impassíveis, mas é só porque exprimem suas emoções por meio das orelhas e do rabo, e não do rosto. Eles também exprimem seus sentimentos ronronando. Ronronar é geralmente um sinal de que estão felizes, mas nem sempre — às vezes pode significar infelicidade. De qualquer forma, não enganam ao ronronar.

A simpatia de Highsmith por criaturas não humanas era profunda. Quando caminhava certo dia no Soho, ela percebeu um pombo caído na sarjeta; sua acompanhante a convenceu de que ele não poderia ser salvo, mas ela ficou visivelmente chocada. Ficava horrorizada com a crueldade das fazendas de criação de aves, e dizia que se pudesse descobrir que pessoa tinha amputado o rabo de um gato preto da vizinhança não hesitaria em atirar nela — "para matar". Ela gostava muito de caramujos, mantinha uma criação deles em seu jardim em Suffolk e costumava levar consigo uma centena deles, junto com um enorme pé de alface, na sua bolsa. Quando se mudou para a França, contrabandeou alguns dos seus caramujos de estimação, escondendo-os debaixo dos seus seios.[8] Sua cuidadora na velhice lembrava que ela punha de volta no jardim as aranhas que porventura entrassem em sua casa, tomando cuidado para que não se machucassem. "Para ela, os seres humanos eram estranhos — ela achava que nunca os compreenderia — e talvez seja essa a razão pela qual gostava tanto de gatos e caramujos."[9] Uma antiga amiga escreveu sobre Highsmith: "Em relação aos animais em geral, ela os via como personalidades individuais muitas vezes mais bem comportadas e dotadas de mais dignidade e honestidade que os humanos."[10]

Lutando com a própria sexualidade quando jovem adulta, Highsmith fez psicanálise com um psicanalista que tentou "curá-la" de ser gay. Durante algum tempo, ela parece ter pensado em ter um casamento convencional. Mas acabou tendo muitas amantes mulheres e algumas amizades duradouras com homens gays, embora aparentemente não tenha encontrado o companheirismo do qual

84 FILOSOFIA FELINA

desfrutava com os animais. Era apaixonada por gatos, escrevendo que eles "proporcionam alguma coisa aos escritores que os seres humanos não conseguem: companheirismo que não faz nenhuma demanda ou invasão, que é tão repousante e mutante quanto um oceano tranquilo que mal se move".[11]

Em "Ming's Biggest Pray" [A maior presa de Ming], Highsmith escreve sobre um belo siamês que se vinga do amante da sua dona. Ming apreciava a vida tranquila:

> O que Ming mais gostava era de deitar ao sol com sua dona em uma das espreguiçadeiras de lona no terraço da sua casa. O que Ming não gostava era das pessoas que às vezes ela convidava para sua casa, pessoas que passavam a noite, pessoas em grupos que ficavam até tarde comendo e bebendo, ouvindo discos ou tocando piano... Pessoas que pisavam em suas patas, que às vezes o levantavam por trás antes que ele pudesse reagir, obrigando-o a se contorcer e lutar para se libertar, pessoas que o acariciavam com força, pessoas que fechavam alguma porta, deixando-o preso. *Pessoas*! Ming detestava as pessoas. Ele só gostava de Elaine, no mundo todo. Elaine o amava e o compreendia.[12]

Quando o novo amante de Elaine, Teddie, tenta jogar Ming no mar, empurrando-o para fora do barco no qual velejavam ao longo da costa de Acapulco, Ming decide se vingar. Mais tarde, no mesmo dia, quando voltavam para casa, Teddie tenta novamente se livrar de Ming, dessa vez jogando-o do terraço. Ming pula no seu ombro e os dois caem juntos. Teddie morre, enquanto Ming fica apenas ofegante. Recuperando-se da luta, ele se acomoda sobre as patas num canto assombreado do terraço, que ainda estava quente do sol:

AMOR HUMANO *VERSUS* AMOR FELINO

Houve muitas conversas lá embaixo, barulhos de pés, de arbustos sendo quebrados, e logo o odor de todos subindo as escadas, o cheiro de tabaco, suor, e o aroma familiar de sangue. O sangue do homem. Ming estava satisfeito, da mesma forma que ficava satisfeito quando matava um pássaro e criava este aroma de sangue com seus próprios dentes. Esta tinha sido uma grande presa. Ming, despercebido por todos, levantou-se sobre as patas traseiras quando o grupo passou com o cadáver, e aspirou a fragrância da sua vitória com o focinho erguido.[13]

A história termina com Ming e sua dona juntos no seu quarto. Elaine acaricia a cabeça de Ming, levanta sua pata e a pressiona levemente, para que suas garras apareçam. "'Ah, Ming — Ming', disse ela. Ming reconheceu as modulações do amor."[14]

Assim como a história de Colette, esta também agrada aos amantes dos gatos. A história é contada do ponto de vista de Ming e ele é uma figura atraente o tempo todo. Ele pode não sentir nenhum afeto especial por seres humanos em geral, mas só decide que Teddie é um inimigo depois que Teddie tenta matá-lo. E, quando Ming se vinga, o que ele faz pode perfeitamente ser chamado de legítima defesa. A relação de Ming com Elaine é mais difícil de ser decifrada. Não resta dúvida de que ela o ama. O que fica em aberto é se ele sente o mesmo por ela, ou a percebe apenas como uma criatura com quem se sente feliz quando está perto. Se esta última hipótese for a verdadeira, isso também não pode ser chamado de amor?

O amor felino difere do amor humano por diferentes razões. O contato sexual entre gatos machos e fêmeas demora pouco tempo, e não resulta numa vida compartilhada. Com exceção dos leões, que podem proteger os filhotes, os gatos machos não participam da criação da sua prole. Assim que os gatinhos aprendem com a mãe as habilidades necessárias, vão embora viver por conta própria. Mas o amor entre gatos tem qualidades que faltam ao amor entre humanos. Os gatos não amam para se livrar da solidão, do tédio ou do desespero. Eles amam quando são dominados pelo instinto e encontram uma companhia agradável.

Quando era jovem, Highsmith foi uma leitora entusiástica de Marcel Proust — o supremo analista do amor humano. Até seus vinte e poucos anos, ela achava que seria artista plástica e escritora, e continuou pintando, desenhando e esculpindo em madeira ao longo de toda sua vida. Depois que morreu, alguns dos seus desenhos foram publicados; muitos eram de gatos, e um era intitulado *Marcel Proust Examining His Own Bathwater* [Marcel Proust observando a água do seu banho].[15]

Na obra de Proust, o amor é dissecado. Germaine Brée, acadêmica especialista em Proust, escreve:

> A sociedade cria uma espécie de cultura biológica na qual os indivíduos podem experimentar todas as maneiras de fazer contato uns com os outros [...]. O amor nasce daí [...]. Porém, mais do que qualquer outra coisa, o que floresce de todas as formas é a necessidade de "diversão", no sentido que Pascal confere ao termo.
>
> "Diversão", para pessoas da alta sociedade, é a arte de usar os outros com o propósito exclusivo de satisfazer suas próprias necessidades e disfarçar o tédio. Quando se trata de afetos, essa exploração não pode ser admitida nem para si mesmo nem para os demais. É por isso que os personagens de Proust escondem, disfarçam e traem uns aos outros. Eles mentem para si mesmos e para os outros lançando mão de vários pretextos, escondendo suas verdadeiras motivações [...]. Com dinheiro e tempo de sobra para fazerem o que bem entendem, os membros

AMOR HUMANO *VERSUS* AMOR FELINO

da alta sociedade têm um único e profundo desejo: proteger-se do vazio da existência e produzir, a partir da substância estéril e perturbadora da vida, um disfarce que seja animador e lisonjeiro para si mesmos [...]. Eles não querem compreender nem saber, apenas serem ornamentados e divertidos.[16]

Como Brée ressalta, a análise proustiana do amor tem muito em comum com a visão pascaliana da diversão. A diferença entre Proust e Pascal está na ideia do primeiro de que a diversão obedece a leis impessoais. O amor é o produto de mecanismos que são ignorados pelos amantes, e o enigma da paixão e desilusão os expõe dominados por forças que eles não podem compreender ou controlar. A vaidade e o ciúme os levam a um mundo imaginário, onde podem esquecer seus corpos envelhecidos e sua caminhada em direção à morte. O amor erótico é o trabalho de uma máquina, e a qualidade mecânica desse amor é seu poder salvador. Mesmo o ciúme mais intenso e a decepção mais amarga proporcionam um alívio temporário do vazio. O amor levanta uma barreira contra o conhecimento e a compreensão seja de outros ou de si mesmos, a qual proporciona aos seres humanos um desafogo contra serem eles próprios.

Nessa análise proustiana, o amor humano é mais mecânico do que o acasalamento entre animais. No amor, mais que em qualquer outro lugar, os seres humanos são guiados por um autoengano. Quando os gatos amam, não é com o objetivo de se autoenganar. Os gatos podem ser egoístas, mas não sofrem de vaidade — não em relação aos humanos, em todo caso. O que eles esperam dos humanos é um lugar onde possam retomar seu estado normal de contentamento. Se um ser humano lhes proporciona este lugar, eles podem até chegar a amá-lo.

AMANDO LILY

O romancista Junichirō Tanizaki (1886-1965) tornou-se conhecido por retratar a transformação que ocorreu na vida dos japoneses com a modernização do país. Grande parte da sua obra se interroga sobre o que pode ter sido perdido no caminho. Uma das coisas que foi perdida, segundo ele, era um sentido muito particular de beleza. Num longo ensaio intitulado *Em louvor da sombra* (1933), Tanizaki escreveu:

> vemos beleza não apenas nas coisas propriamente ditas como também nos padrões das sombras, da luz e das trevas que são criados por uma coisa contra a outra. Uma joia fosforescente brilha e mostra sua cor na escuridão e perde sua beleza à luz do dia. Se não fosse pelas sombras, não haveria beleza.[17]

Não é que Tanizaki prefira a escuridão à luz. A escuridão é parte da beleza da luz:

> Nós não desgostamos de tudo o que brilha, mas preferimos um polimento melancólico a um brilho superficial, uma luz densa que, seja em uma pedra ou artefato, nos revele um reflexo de antiguidade [...]. De fato, amamos coisas que, para o bem ou para o mal, tenham marcas de sujeira, fuligem ou passagem de tempo, e amamos as cores e a luminosidade que nos fazem pensar no passado que as produziu.[18]

Uma das características dessa estética é o desprezo pela perfeição. Um empecilho da estética ocidental não nos permite pensar sobre as coisas belas como a corporificação defeituosa de uma ideia in-

AMOR HUMANO *VERSUS* AMOR FELINO

significante. A visão mística de Platão conduziu filósofos ocidentais a pensar na beleza como um esplendor espiritual. Tanizaki, ao contrário, escreve sobre "o brilho da sujeira".[19] A verdadeira beleza se encontra no mundo natural e na vida cotidiana.

Tanizaki se interessava pelos diferentes tipos de amor e o que eles revelam sobre os seres humanos. Uma das suas explorações mais delicadas sobre esse tema aparece em seu romance *A gata, um homem e duas mulheres*, publicado em 1936 e mais tarde adaptado para um filme, e no qual o personagem principal é uma gata com pelo cor de tartaruga, envelhecida mas elegante, chamada Lily.

A história começa com uma carta a respeito de Lily escrita por uma das duas mulheres para a outra. Shinako pede a Fukuko, a nova mulher de seu ex-marido Shozo, para lhe devolver a gata:

> Existe apenas uma coisa que quero de você. E é claro que *não* estou dizendo que o quero de volta. Não, é algo muito, muito mais simples do que isso. É a Lily que eu quero... Se levarmos em consideração todos os sacrifícios que fiz, seria muito pedir uma pequena gata em compensação? Para você é apenas um pequeno animal sem valor, mas que consolo seria para mim!... Não quero me comportar como uma criança chorona, mas sem a Lily eu me sinto tão só que mal posso aguentar... E isso porque não há ninguém no mundo que se interesse por mim, com exceção dessa gata...
>
> Não é você que não quer devolver a Lily, e sim *ele*. Sim, tenho certeza disso. Ele a ama. "Eu poderia viver sem você", ele costumava dizer. "Mas sem a Lily? Nunca!" E ele sempre prestava muito mais atenção nela do que em mim, tanto à mesa quanto na cama... seja cuidadosa, querida Fukuko, e não pense que se trata "apenas de uma gata". Ou você poderá ser derrotada por ela no futuro.[20]

90   FILOSOFIA FELINA

À primeira leitura, a história parece ser a de três seres humanos em conflito que se servem de uma gata como arma. A gata parece ser um peão nos conflitos familiares. Mas Lily é mais importante para eles do que pensam. Quando a gata vai para Shinako, Shozo é tomado por um poderoso sentimento de perda. Ele decide ir até a casa de Shinako, em segredo, para ver Lily. No jardim da casa da ex-esposa, agachado atrás de uma moita, ele percebe uma planta de onde vem um brilho intermitente. "O coração de Shozo salta em seu peito a cada brilho, na esperança de que seja o brilho dos olhos de Lily: 'Será ela? Não seria *maravilhoso*?'" Seu coração bate mais apressado, e ele sente um frio na boca do estômago:

> Embora pareça estranho, Shozo nunca tinha sentido antes uma agitação e impaciência como essas, mesmo nas suas relações com outros seres humanos. Tudo o que ele tinha conseguido antes era seduzir garçonetes de café. O mais perto que tinha chegado de um caso de amor tinha sido quando estava se encontrando com Fukuko às escondidas de Shinako... Ainda assim... ao seu caso com Fukuko sempre tinha faltado uma certa seriedade: nunca seu desejo de vê-la ou encontrá-la tinha sido tão intenso como seus sentimentos por Lily eram agora.[21]

Temendo uma briga com sua mulher se ele chegasse tarde em casa, Shozo se vai. Mas não desistiu de ver Lily. No dia seguinte, volta à casa de sua ex-mulher. Shinako saiu, deixando a irmã Hatsuko tomando conta. Hatsuko leva Shozo por uma escada íngreme até o quarto onde Lily estava descansando. Com as cortinas fechadas, o quarto estava escuro, mas ele podia ver Lily sentada numa pilha de almofadas, com as patas dianteiras dobradas sob ela e os olhos semicerrados. O brilho do seu pelo mostrava que ela estava sendo bem tratada, e um pouco de arroz e casca de ovo próximos indicavam que tinha acabado de almoçar havia pouco.

AMOR HUMANO *VERSUS* AMOR FELINO 91

Shozo se sentia grato por ver Lily segura e saudável. Ele cheirou a sujeira da gata e uma tristeza de amor o subjugou. "Lily!", ele gritou. A gata não reagiu. Logo, "parecendo enfim perceber sua presença, [a gata] abriu dois olhos opacos e indiferentes e lançou um olhar extremamente hostil na direção de Shozo. Além disso, não houve outra expressão de emoção. Dobrando as patas dianteiras ainda mais para trás sob seu corpo, e contraindo o pelo das costas e atrás das orelhas, como se estivesse sentindo frio, ela fechou novamente os olhos com uma expressão de necessidade de sono, e só de sono".[22]

Shozo tentou acariciá-la, mas Lily apenas sentou-se com os olhos fechados, ronronando. Shinako deve gostar muito dessa gata, pensou Shozo. Ela tinha empobrecido, mas apesar da sua pobreza estava garantindo a Lily uma boa alimentação. As almofadas de Lily eram mais espessas que as da própria Shinako. Foi então que ele escutou passos e se deu conta de que Shinako tinha voltado. Shozo desceu às pressas a escada e foi para a rua, quase se encontrando com ela. A história termina assim: "Como se estivesse sendo perseguido por alguma coisa horrível, ele correu a toda velocidade na direção oposta."

Lily pode ter sido usada como arma por seres humanos em sua vida, mas ela foi a única dos quatro a ter sido amada. Shozo e sua ex-mulher gostavam mais de Lily do que um do outro, e talvez de qualquer outro ser humano. Seus estratagemas na relação entre um e outro foram superados pelo amor que cada um deles sentia pela gata. Talvez esse amor seja como aquele que existe entre seres humanos: um refúgio contra a infelicidade. Ou talvez fosse amor pela própria gata, uma mistura de ternura e admiração. Não temos como saber o que Lily sentia a respeito dos humanos em sua vida. No final da história, ela envelheceu e quer sobretudo dormir. Talvez ela sinta a aproximação da morte. Contudo, Lily ainda é a luz da casa, e os seres humanos são figuras meio apagadas na lente brilhante do seu cérebro.

GATTINO DESAPARECE

Um amor diferente entre um ser humano e um gato é descrito no primoroso ensaio "Lost Cat" [Gato perdido],[23] de Mary Gaitskill. Esse ensaio difere de outras histórias narradas neste capítulo. Assim como a história de Mèo, contada no Capítulo 1, é uma lembrança da vida e morte de um gato que realmente existiu.

Nascida em 1954, Gaitskill tornou-se uma celebridade literária ao ter publicada uma coleção de contos, *Bad Behavior* [Mau comportamento], em 1988. Ela tivera dificuldades pessoais e financeiras durante muitos anos. Foi expulsa do colégio interno quando adolescente e internada por seus pais em um hospício, do qual fugiu. Quando era uma jovem adulta, foi vendedora de flores, *stripper*, assistente numa livraria, preparadora editorial durante a noite, verificadora de fatos *freelance* e outros trabalhos eventuais.

Num dado período, ela viveu num apartamento barato que ficava em cima de um conhecido clube de sadomasoquismo em Nova York, e muitas de suas histórias abordam a necessidade humana de dor e humilhação. Uma delas teve uma bem-sucedida adaptação no filme *Secretária* (2002), embora Gaitskill o tenha considerado "muito engraçadinho e canhestro".[24] Mais tarde, em um curto romance intitulado *This is Pleasure* (2019) [Isto é o prazer],[25] ela narra como um editor literário dândi que gosta de invocar a necessidade de dor e punição nas mulheres é destruído ao ser acusado de atacar sexualmente as mulheres que emprega.

Um tema recorrente na obra de Gaitskill são as contradições no amor humano. Os humanos buscam o amor para se livrar do tédio, para sentir o consolo de ser o objeto de uma afeição ou obsessão,

AMOR HUMANO VERSUS AMOR FELINO

uma oportunidade para mostrar poder e infligir dor em si mesmo e nos outros, e a satisfação que pode advir da autodestruição. O amor entre os seres humanos e os animais não sofre desses vícios, e perdê-lo pode ser mais destruidor que a perda de um amor puramente humano.

Em "Lost Cat", Gaitskill conta como perdeu seu gato quando ele tinha apenas sete meses. Ela tinha encontrado o gato quando visitava, na Toscana, uma aristocrata literária que havia transformado sua propriedade num refúgio para escritores. O gato era um dos três filhotes magrinhos no quintal de uma casa de fazenda próxima, que parecia mais doentio que os outros dois e cambaleou até chegar a Mary. Suas pálpebras estavam praticamente coladas com muco. Um gatinho cinza com listras pretas, "Ele tinha uma longa mandíbula e um focinho em formato daquelas borrachas que se prendem na extremidade dos lápis. Sua cabeça com nariz grande parecia a de um duende, colocada sobre um corpo magro e barrigudo, com suas longas patas quase grotescas. Seu ânus parecia desproporcionalmente grande em sua traseira descarnada. Ele me deixou acariciar seu lombo ossudo, meio entorpecido; e tentou erguer o rabo lamentável".[26] Mais tarde, ela lembraria dele "com seu lombo arqueado, a cara medrosa mas animada, tensionado antes de saltar e correr, com a cauda desafiadora, elástica e torta [...]. Mesmo se ele estivesse fraco de fome. Era corajoso, esse gato".[27]

Ele só tinha um olho meio bom, e Mary lhe deu o nome de Chance [Sorte]. "Eu gostei de Chance, como gosto de todos os gatinhos; ele gostou de mim porque eu o alimentava. Ele me mirava com um olhar neutro, como se eu fosse apenas mais uma criatura no mundo."[28] Passado algum tempo, Chance começou a levantar a cabeça quando Mary entrava no quarto e a olhar para ela diretamente. "Não posso dizer com certeza o que aquele olhar significava; não sei como os animais pensam ou sentem. Mas parecia que olhava para mim com amor. Ele me seguia por todos os lugares do apartamento. Sentava-se no meu colo quando eu trabalhava à minha mesa. Vinha para minha cama e dormia comigo; adormecia mordiscando levemente meus dedos. Quando eu o acariciava, seu corpo se aconchegava contra minha mão. Se meu rosto estivesse próximo, ele esticava a pata e tocava minha bochecha."[29]

O marido de Mary não gostava do nome Chance, e Mary também não tinha certeza sobre ele. Então passaram a chamá-lo de McFate [Mac Destino]. A força de McFate aumentou, e ele adquiriu "um certo viés de caolho, um posicionamento das orelhas para a frente e um pescoço altaneiro em seu corpo frágil. Ele tinha manchas como um colar em torno da garganta; quando virava de barriga para cima para eu acariciá-lo, a pele era bege e manchada como a de uma jaguatirica. Quando se sentia confiante, parecia um pequeno gângster num terno folgado". Contudo, ele ainda era delicado, e Mary decidiu que McFate era um nome "muito formal e frio para uma criatura tão pequena e de coração tão ligeiro", e por isso passou a chamá-lo de Gattino.[30] Mary disse ao marido que queria levar Gattino para os Estados Unidos com eles. Ele achou estranho, como muitas pessoas achariam. Elas "considerariam que meus sentimentos eram neuróticos, a projeção das minhas próprias carências num animal".[31]

Quando Mary enfim decidiu levar Gattino, ela se perguntou se havia algo errado em amar um animal mais do que os seres humanos que sofriam. Mary tinha amado seres humanos, inclusive crianças, que havia abrigado por meio de um programa de ajuda a famílias negras pobres, e também seu pai, que tinha tido uma morte dolorosa por câncer, depois de recusar o tratamento. Mas esses amores haviam sido complicados e frustrantes:

> O amor humano é muito irregular e, mesmo quando não o é, as pessoas geralmente não o entendem, o rejeitam, o

AMOR HUMANO *VERSUS* AMOR FELINO

utilizam ou o manipulam. É difícil proteger da dor uma pessoa que você ama, porque as pessoas muitas vezes preferem a dor. *Eu* sou uma pessoa que muitas vezes escolhe a dor. Um animal nunca escolhe a dor; um animal pode receber o amor muito mais facilmente que mesmo um ser humano muito jovem. Por isso achei que seria possível abrigar um gatinho com amor.[32]

Às vezes, enquanto passeava perto da propriedade da aristocrata, Mary pensava em seu pai. Quando saía para passear, ela levava consigo uma grande bola de gude que tinha sido dele. Sem pensar que fosse realmente possível, Mary se perguntava se uma parte da alma do pai teria renascido em Gattino. Certa noite, quando o gatinho ronronava deitado no seu colo, ela viu uma bolinha de gude azul-celeste rolando no chão, debaixo de uma cômoda. "Ela era linda, brilhante, e alguma coisa invisível para mim a tinha posto em movimento. Parecia um presságio mágico e generoso, como a presença desse pequeno gato amoroso." Ela pegou a bolinha e a colocou no parapeito da janela, ao lado da bola do pai.[33]

Para obter um passaporte para o animal de estimação, Mary levou Gattino a um veterinário, o qual o colocou numa gaiola ao lado de um cachorro enorme, que rosnou e latiu para o gatinho. Inicialmente, Gattino se escondeu atrás de uma caminha, mas logo depois olhou de modo desafiador para o cachorro. "Foi aí que vi pela primeira vez aquela expressão de medo e prontidão, a vontade de encarar o que viesse, independentemente do seu tamanho ou ferocidade."[34] Quando fez a longa viagem transatlântica para casa, Gattino a acompanhou, "perscrutando intrepidamente da sua caixa de viagem. E Gattino *era* intrépido. Não chorou no carro nem no avião, embora não tivesse comido nada desde a noite anterior. Acomodou-se pacientemente, com suas magras patas dianteiras esticadas diante dele, olhando para mim com calma, a cabeça levantada e confiante... Se eu tivesse deixado, ele teria passeado para lá e para cá nos corredores do avião, com seu rabo levantado".[35]

Na sua chegada aos Estados Unidos, Gattino foi apresentado aos outros gatos da casa. Aproximando-se deles de forma respeitosa, ele se adaptou bem. A família mudou para uma nova residência, onde o proprietário tinha deixado restos de objetos para todo lado e o fogão estava quebrado e cheio de ninhos de ratos. As coisas começaram a ir mal. Mary perdeu seu passaporte; o marido não sabia onde havia deixado um cordão que ela tinha dado a ele. Ela também perdeu a bolinha de gude azul que havia achado na Itália. Mas Gattino adorou a nova casa. Brincava no quintal com os outros gatos e não se interessava em ir para a rua. Quando ia, Mary achava que ele logo encontraria o caminho de volta, já que havia um campo aberto do outro lado da estrada.

Foi aí que Gattino desapareceu. De volta à casa depois de algumas horas, Mary o procurou por toda parte no escuro. Ela ainda estava procurando quando algumas palavras surgiram pela primeira vez em sua mente: "Estou com medo." Sentia que Gattino era muito ligado a ela. Queria responder: "Não se preocupe. Fique onde está, eu vou encontrá-lo." Mas, em vez disso, pensou: "Também estou com medo. Não sei onde você está." Mary se preocupava que, ao perceber seu medo, Gattino se sentiria ainda mais perdido, mas não conseguia se controlar. Colou cartazes, mandou e-mails e alertou a segurança do campus. Três noites mais tarde, outro pensamento veio à sua mente: "Estou me sentindo só." Na quinta noite, ela recebeu a ligação de um guarda dizendo que tinha visto um gato pequeno, magro, com um olho apenas, procurando comida numa lata de lixo. A chamada veio às duas da manhã, quando o telefone estava desligado. Mary e a família não o ouviram.

Então, Mary decidiu procurar uma vidente que tinha sido recomendada por um amigo. A vidente disse a ela que Gattino estava em situação difícil e morrendo. Ela descreveu o lugar onde Gattino poderia estar, e Mary foi lá e procurou durante vários dias e noites. Depois de uma dessas noites, quando estava quase adormecendo, algumas palavras se formaram de novo na sua mente: *Estou morrendo*, e depois *Adeus*.[36]

Mary levantou-se e tomou um remédio para dormir. Duas horas mais tarde, acordou aos prantos. Ela se perguntava:

> Quem decide quais [...] mortes são trágicas e quais não são? Quem decide o que é grande e o que é pequeno? Depende de números, ou da massa física, ou da inteligência? Se você for uma pequena criatura ou uma pequena pessoa morrendo sozinho e em meio à dor, talvez não se lembre ou não saiba que é pequeno. Se sentir muita dor, poderá não se lembrar quem ou o que você é; poderá se dar conta apenas do seu sofrimento, que é imenso [...]. Quem decide — o senso comum? O senso comum pode comandar essas coisas?[37]

Um ano após a morte de Gattino, Mary ainda o procurava. Durante sua busca, seus sentimentos em relação aos seres humanos mudaram. A caminho de um abrigo para verificar se ele teria sido levado para lá, ela ouviu no rádio do carro uma reportagem sobre a morte de um estudante de medicina no Iraque, fuzilado por mercenários norte-americanos quando saía do seu carro, e como estes ainda mataram sua mãe quando ela pulou do carro para ampará-lo. Antes, ela tinha ouvido histórias como essa sem sentir nada. Agora, elas rasgavam seu coração. "Foi a perda do gato que fez com que isto acontecesse; sua pequenez e falta de objetivo consequente fizeram com que seu coração se rasgasse."[38]

Sua mente também estava transtornada. Ela visitou outra vidente, que lhe disse que Gattino tinha morrido, provavelmente por falência renal provocada pela ingestão de algo tóxico. Depois foi a uma outra, que disse que ele havia morrido sem sofrimento, encolhendo-se como se fosse dormir. Ela colou novamente uma série de cartazes, e recebeu ligações praticamente imediatas de pessoas que diziam ter visto um gato pequeno e caolho. Outro guarda de segurança, "um homem velho e reticente", afirmou a ela ter visto Gattino três meses antes, mas não o tinha revisto depois disso. "Não tenho visto muitos gatos ultimamente", acrescentou. "Mas tenho visto outros animais. Há um grande lince que circula pelo campus tarde da noite. E também muitos coiotes." Estava claro o que ele estava tentando dizer. Mary pensou que pelo menos seria o tipo de morte que um animal compreenderia.[39] Mas, mesmo assim, ela achou que ele ainda estaria por lá. Sonhou com ele durante meses. No sonho, ela o chamava para o quintal e ele vinha para ela como tinha feito na realidade, "correndo com sua cauda erguida, saltando levemente na sua excitação e finalmente pulando no meu colo".[40]

Quando seu pai estava morrendo, Mary lhe perguntou: "Papai", eu disse, "me diga o quanto você sofreu. Diga como foi isso para você". Ela não acha que ele a ouviu, mas acha que ouviu parte de uma resposta enquanto estava procurando por Gattino tarde da noite, quando não havia ninguém por perto. "Ocorreu-me a ideia de que a perda do meu gato era na verdade uma forma compassiva de receber uma resposta à minha questão."[41] Ela sabia que esse sentimento podia ser o resultado de algum pensamento mágico, mas não estava convencida disso. O que é verdade e o que é imaginação, na vida humana, é difícil de ser discriminado:

> Se alguém me tivesse sugerido espalhar merda em mim
> mesma e rolar no quintal, e se esse alguém fosse um co-

AMOR HUMANO *VERSUS* AMOR FELINO

nhecedor de gatos e me convencesse de que, se eu fizesse isso, meu gato *poderia* voltar, eu provavelmente o teria feito. Eu não achava que minha patética sensibilidade era "pensamento mágico". Não a considerava diferente de qualquer outro tipo de pensamento. O que acontecia era que a ordem das coisas visíveis e conhecidas havia-se tornado inaceitável para mim — sem sentido, na verdade — porque era muito violentamente contraditória com as necessidades da minha mente confusa. Outras ordens de coisas ficaram visíveis para mim, para purgar e recosturar a ordem partida do que eu sabia antes. Ainda não sei se essa realidade esboçada era completamente ilusória, um ato de vontade desesperada, ou se era uma interpretação inepta e parcial de alguma coisa real, algo maior do que eu poderia facilmente perceber.[42]

Quando Mary já estava perdendo as esperanças de encontrar Gattino, foi a Montana para dar uma palestra em uma universidade. Seu quarto de hotel dava para um rio, e um dia ela viu um cachorro ser solto da sua coleira e mergulhar na água, "feliz, com as patas muito abertas". Ela sorriu e pensou: "Gattino." Mesmo se ele estivesse morto, ele estava presente naquele mergulho deselegante e feliz. "Essa ideia era sem dúvida uma ilusão, um autoengano. Mas aquele cão não era. Ele era real. Assim como Gattino."[43]

Estivesse ainda presente no mundo ou não, isso não fazia diferença. Era o fato de que Gattino tinha existido e o que ele fizera que eram importantes. O vínculo de Mary com o gato era diferente de todos os que ela havia tido com seres humanos. As emoções confundidas de vaidade, crueldade, remorso e arrependimento, comuns no amor entre humanos, estavam ausentes. Suas lembranças de Gattino mudaram seus sentimentos em relação ao seu pai, às crianças que ela abrigara e ao estudante de medicina iraquiano que fora assassinado. Um amor vindo de fora do mundo humano desembaraçou o amor que ela havia conhecido com humanos.

O amor e o ódio entre seres humanos estão, muitas vezes, misturados. Podemos amar profundamente outras pessoas e ainda assim ficar ressentidos em relação a elas. Podemos vir a odiar o amor que sentimos por outros seres humanos e senti-lo como um fardo, uma restrição à nossa liberdade, ao passo que o amor que outros sentem por nós pode parecer falso e não confiável. Se, a despeito dessas suspeitas, continuamos a amá-los, podemos começar a odiar a nós mesmos. O amor que os animais sentem por nós e nós sentimos por eles não é deformado dessa maneira.

A perda de Gattino foi muito dura para Mary. Mas a vida dele não foi triste no mesmo sentido que vidas humanas podem ser tristes. Gaitskill escreveu:

> Ser um humano é, no fim das contas, ser um perdedor, porque estamos todos condenados a perder nosso sentido do eu cuidadosamente construído, nossa força física, nossa saúde, nossa preciosa dignidade e, para culminar, nossas vidas.[44]

Gattino viveu e morreu por acidente, mas não era um perdedor. Na sua curta vida, corajosa e nada trágica, ele deu a Mary algo que nenhum humano tinha sido capaz de lhe dar. Ela havia vivido durante um período sem ser guiada por leis de prazer ou dor. Ela não detestava mais as pessoas que amava — ou a si mesma, por amá-las. Uma criatura pequena, caolha e aparentemente sem importância havia rompido e refeito seu mundo. Talvez Gattino fosse, afinal, um animal mágico.

5

O tempo, a morte e a alma felina

O ADEUS DE MURI

Quase ao final da sua autobiografia, o filósofo religioso russo Nikolai Berdiaev escreve sobre uma das experiências mais profundas numa vida agitada:

> No momento preciso em que Paris era libertada, perdemos nosso amado Muri, que morreu após uma dolorosa doença. Seus sofrimentos antes da morte foram, para mim, os sofrimentos e trabalhos de parto de toda a criação; por seu intermédio, eu me senti unido a toda a criação e esperava sua redenção. Foi extremamente emocionante ver Muri, na véspera da sua morte, caminhar com dificuldade até o quarto de Lydia (que também estava gravemente doente) e pular na sua cama; ele tinha vindo dar adeus. É muito raro que eu chore, mas — isso pode parecer cômico ou banal — quando Muri morreu eu derramei lágrimas amargas. As pessoas especulam sobre "a imortalidade da alma", mas lá estava eu, pedindo pela vida eterna e imortal de Muri. Eu não aceitava deixar de ter uma vida eterna com ele. Alguns meses mais tarde, eu perderia Lydia [...]. Não consigo me reconciliar com a morte e a finitude trágica da vida humana [...]. Não pode haver vida se ela não traz de volta todos aqueles que amamos.[1]

102 FILOSOFIA FELINA

Só nos damos conta de que Muri era o gato de Berdiaev se tivermos lido as trezentas páginas que precedem esse trecho. Parece estranho que o filósofo tenha sentido tanta tristeza com a morte de Muri. Mas Berdiaev não era um filósofo comum. Ao contrário da maioria, então como agora, ele viu um mundo que parecia permanente morrer e desaparecer.

Nascido em Kiev em 1874, quando a Ucrânia pertencia ao império russo, Berdiaev cresceu como uma criança solitária numa família aristocrática. Seu pai era um livre pensador, cético a respeito da religião. Nascida numa família cristã russa ortodoxa, sua mãe era crítica em relação à igreja dominante e tendia ao catolicismo. Durante toda sua vida, Berdiaev resistiu a qualquer tentativa de limitar sua liberdade de pensamento. Seguindo a tradição familiar, ele cursou uma escola militar, mas logo a deixou para estudar filosofia na universidade de Kiev. Como tantos naquele tempo, tornou-se marxista e, em 1898, foi detido numa manifestação e expulso da universidade. Foi trabalhar num jornal clandestino e acabou novamente preso e condenado a três anos de exílio interno em Vologda. As condições de lá eram aceitáveis, se comparadas com aquelas suportadas pelos rebeldes contra o tsarismo, e incomparavelmente menos severas do que as que viriam a vigorar nos campos inaugurados por Lenin e Stalin.

Quando voltou para Kiev, Berdiaev conheceu e casou-se com a poeta Lydia Trusheff, com quem viveu durante todo o restante da sua vida, e os dois se mudaram para São Petersburgo. Não se sentindo mais tão atraído pelo marxismo, mas ainda um dissidente, ele introduziu-se na vida intelectual da cidade durante os anos que precederam a Primeira Guerra Mundial e a Revolução Russa. Transformado num pensador abertamente religioso, ele publicou um artigo atacando o sínodo santo da igreja ortodoxa por ter punido monges que se afastaram da doutrina oficial. Acusado de

O TEMPO, A MORTE E A ALMA FELINA 103

blasfêmia e preso, foi condenado ao exílio perpétuo na Sibéria, mas o regime bolchevista chegou ao poder e a punição nunca foi aplicada.

Berdiaev logo bateu de frente com o novo regime. Ele tinha permissão para ensinar e escrever e foi nomeado professor de filosofia na universidade de Moscou em 1920, mas pouco depois foi detido, acusado de conspiração, e encarcerado. O temível chefe da polícia secreta de Lenin, Felix Dzerzhinsky, o visitou em sua cela para interrogá-lo, o que acabou numa forte discussão sobre o bolchevismo. Em setembro de 1922, Berdiaev foi expulso da União Soviética.

Junto com outros membros proeminentes da *intelligentsia* russa — artistas plásticos, acadêmicos, cientistas e escritores —, ele deixou o país no que ficou conhecido como "o navio dos filósofos", na verdade dois navios contratados pelo governo soviético para transportar intelectuais rebeldes e suas famílias até a Alemanha. Outros foram despachados de trem para Riga, na Letônia, ou de navio saindo de Odessa para Istambul. Ao que parece, o plano para se ver livre da *intelligentsia* foi arquitetado pelo próprio Lenin.[2]

Depois da sua chegada à Alemanha, Berdiaev e sua esposa foram inicialmente para Berlim, e mais tarde para Paris, onde moraram durante o restante de suas vidas. Ele era um escritor prolífico e participou de inúmeros diálogos com outros emigrados russos e com a comunidade intelectual francesa. Continuou a escrever, durante a ocupação nazista, livros que só foram publicados após a guerra. Morreu na sua escrivaninha, em Clamart, um subúrbio de Paris, em 1948.

As questões centrais na obra de Berdiaev dizem respeito ao tempo, à morte e à eternidade. Ele escreveu:

> Sempre me surpreendi com a confiança das pessoas no desenvolvimento gradual da humanidade, na estabilidade

da natureza humana, nos apelos racionais em favor da verdade, nos padrões objetivos do bem e todas as demais ilusões divinas, tendo em vista a constante corruptibilidade e transitoriedade da vida humana e as feridas mortais infligidas ao homem por cada morte, cada despedida, cada traição, cada paixão.[3]

Berdiaev acreditava que, se a morte fosse o fim, a vida não faria sentido. A vida era uma luta para um sentido além da vida, que poderia redimi-la do vazio. O que é diferente em Berdiaev é que ele incluía seu amado gato nessa luta.

É duvidoso se Muri se incluía nessa busca de sentido. Desprovido do medo humano de que a morte seja o fim da história da vida, os gatos não precisam de outra vida na qual a história continue. Contudo, a intuição de Berdiaev de que Muri percebeu que estava deixando os seres humanos com quem tinha vivido pode ser bem fundamentada. Os gatos sabem quando sua vida está chegando ao fim. Como Doris Lessing descobriu, eles podem também dar as boas-vindas ao seu final.

Descrevendo como sua gata preta reagiu quando caiu gravemente doente, Lessing escreveu:

> Suas mandíbulas e sua boca estavam recobertas de uma espuma branca, uma espuma pegajosa que não podia ser facilmente removida. Eu a lavei. A gata voltou para seu canto, encolhendo-se, olhando para a frente. A maneira como se sentava era sinistra: imóvel, paciente, embora não estivesse dormindo. Ela estava esperando [...] os gatos decidem morrer. Eles se esgueiram para um lugar fresco, por causa do calor do seu sangue, se encolhem e esperam para morrer.

> Quando eu trouxe a gata preta de volta para casa [depois de uma noite no hospital veterinário], ela caminhou, abatida, até o jardim. Estávamos no início do outono e fazia frio. Ela se agachou sobre a terra fria e contra o muro gelado do jardim, na mesma posição de espera paciente da noite anterior.
>
> Eu a levei de volta para dentro de casa e a deitei num cobertor, não muito perto de um aquecedor. Ela voltou para o jardim: mesma posição, mortal e paciente posição. Trouxe-a novamente para dentro e a tranquei. Ela se arrastou até a porta e se instalou ali, com o focinho na direção da saída, esperando a morte.[4]

Lessing manteve a gata dentro de casa e cuidou dela hora após hora durante as semanas seguintes. A gata se recuperou e, alguns meses depois, voltou a ser o que era antes, "brilhante, ágil, limpa e ronronante". Ela se esqueceu de que tinha estado doente, mas em algum lugar ficou a lembrança do consultório da clínica veterinária, e ela tremeu e então ficou paralisada por horas quando teve que ser levada novamente para lá por conta de uma infecção no ouvido.

Lessing parece ter sentido alguma culpa pelo que fez, por ter trazido a gata à força "de volta à vida, contra sua vontade". A gata, segundo Lessing concluiu, era "normal, com instintos normais".[5]

A CIVILIZAÇÃO COMO NEGAÇÃO DA MORTE

A ideia de uma vida após a morte surgiu junto com os seres humanos. Há cerca de 115 mil anos, as sepulturas eram decoradas com ossos de animais, flores, ervas medicinais e coisas valiosas como chifres de cabrito-montês. Há 35 mil-40 mil anos, conjuntos completos de sobrevivência — comida, roupas e ferramentas — eram colocados nas tumbas em todo o mundo.[6] Os seres humanos são animais definidos pela morte.

À medida que os humanos foram se convertendo em seres mais conscientes de si mesmos, a negação da morte tornou-se mais insistente. Para o antropólogo cultural e teórico psicanalítico norte-americano Ernest Becker (1924-74), a fuga humana da morte tem sido a força motriz da civilização. O medo da morte é igualmente a fonte do ego, que os humanos constroem para se proteger da consciência inelutável da sua passagem, com o tempo, em direção à extinção.

A vida de Becker, mais do que a da maioria das pessoas, foi marcada por encontros com a morte. Quando tinha dezoito anos, ele foi convocado pelo exército e serviu num batalhão de infantaria que liberou um dos campos de concentração nazistas. Quando estava morrendo de câncer em um hospital, em dezembro de 1973, ele disse ao filósofo Sam Keen, que lhe fazia uma visita: "Você está me pegando *in extremis*. Esse é um teste de tudo o que escrevi sobre a morte. E tenho a sorte de poder mostrar como se morre."[7] As teorias de Becker foram expostas em *The Denial of Death* (1973) [A negação da morte], livro pelo qual recebeu um prêmio Pulitzer póstumo em 1974, e desenvolvidas mais ainda em *Escape from Evil* [Escapar do mal], publicado dois anos após a sua morte.

Entre todas as perspectivas da sua fragilidade, das quais os seres humanos procuram se afastar, a morte é a mais ameaçadora. A maioria das pessoas não consegue suportar a ideia da sua própria não existência, e quanto mais tenta esquecê-la mais fica obcecada com ela. Os rituais podem ajudá-las a deixar essa dor para trás porque são atividades que empenham a totalidade do organismo, e não apenas a mente. A maneira de escapar da ansiedade é por meio do que Becker chama de "o complexo mito-ritual". Ele escreve:

O TEMPO, A MORTE E A ALMA FELINA

> O complexo mito-ritual é uma forma social de canalizar obsessões [...]. Ele cria segurança e afasta o desespero de forma automática, mantendo as pessoas focadas no nariz que está à frente do seu rosto. A derrota do desespero não é principalmente um problema intelectual para um organismo ativo, mas sim um problema de autoestimulação por meio do movimento. Além de um certo ponto, o homem não é mais ajudado por ter mais "conhecimento", mas apenas por viver e agir de forma parcialmente desatenta [...]. A neurose é a invenção de um ritual privado obsessivo para substituir o ritual socialmente aceito, agora perdido em razão da extinção da sociedade tradicional. Os costumes e mitos da sociedade tradicional forneciam uma completa interpretação do sentido da vida, sob medida para cada indivíduo; tudo o que ele tinha de fazer era aceitar vivenciá-la como se fosse verdadeira. O neurótico moderno deve fazer apenas isso se quiser ser "curado": dar as boas-vindas a uma ilusão viva.[8]

Becker faz aqui a distinção entre as sociedades tradicionais, nas quais os rituais coletivos trazem consolo aos seres humanos contra os pensamentos sobre a morte, e as sociedades modernas, nas quais os indivíduos devem lidar por si mesmos com as próprias ansiedades. A realidade da sociedade moderna é a neurose de massa, descendo reiteradamente até a completa loucura. As neuroses são menos o sintoma de uma doença do que da tentativa de autocura. Os movimentos totalitários dos tempos modernos são tentativas desse tipo. Mas os seres humanos não podem deixar de ser o tipo de seres humanos no qual se converteram — solitários que continuam sozinhos mesmo quando fogem para o abrigo do pertencimento de massa.

A racionalização torna a neurose moderna ainda pior:

> As características das quais as mentes modernas mais se orgulham são justamente as mesmas que as da loucura. Não há ninguém mais lógico que o lunático, ninguém mais preocupado com os detalhes de causa e efeito. Os loucos são os pensadores mais racionais que conhecemos, e esse traço é um dos que distinguem sua desagregação. Todos os seus processos vitais se concentram na sua mente. Qual é a coisa que falta a eles e que os homens sãos possuem? A habilidade para serem descuidados, para relaxar e rir do mundo. Eles não conseguem se distender, arriscar a própria vida numa aposta fantasiosa, como fez Pascal. Eles não conseguem fazer o que a religião sempre pediu: acreditar numa justificativa das suas vidas que parece absurda.[9]

Os seres humanos buscam o poder para proporcionar a si mesmos o sentimento de escapar da morte e, segundo Becker, a maldade humana provém do mesmo impulso. A prática da crueldade serve para manter afastado qualquer pensamento sobre a morte:

> O sadismo absorve naturalmente o medo da morte [...] porque por meio do empenho na manipulação e no ódio mantemos nosso organismo absorto no mundo exterior; isto mantém a autorreflexão e o medo da morte em estado de baixa tensão. Sentimos que podemos controlar a vida e a morte quando temos o destino de outros em nossas mãos. Enquanto podemos continuar atirando, pensamos mais em matar do que em sermos mortos. Ou, como um bandido esperto disse num filme: "Quando os assassinos param de matar, são mortos."[10]

O TEMPO, A MORTE E A ALMA FELINA

Como Becker aponta, muitas ideologias modernas cultuam a imortalidade. O bolchevismo russo cultivava a ideia de que a derrota da mortalidade seria o objetivo supremo da revolução. Quando Lenin foi embalsamado, o propósito de alguns dos envolvidos era ressuscitá-lo quando a ciência tivesse desenvolvido os meios para fazê-lo.[11] O projeto de derrotar a morte por meio da ciência foi revivido no ocidente, onde Ray Kurzweil, diretor de engenharia da Google, se destaca como um dos principais proponentes da imortalidade tecnológica.[12]

A análise de Becker é irresistível. Mas as atitudes humanas em relação à morte são contraditórias, e nem todas as religiões e filosofias conseguiram negar a mortalidade. No politeísmo grego, os deuses são retratados como enfastiados com a própria imortalidade e sentindo inveja dos humanos com suas vidas breves. Quando intervêm no mundo humano, eles o fazem em razão do seu tédio e para punir os homens da sua sorte de serem mortais. O esquecimento que vem com a morte é um dos privilégios da condição humana.

Outras religiões são ambíguas em sua visão de como lidar com o fato de ser mortal. Visto por um certo ângulo, o budismo é uma tentativa de escapar da morte. Se você sai do círculo da reencarnação, não terá de morrer novamente. De um outro ponto de vista, o budismo é uma busca da mortalidade.[13] A salvação significa ficar livre do sofrimento de estar vivo. Uma vez que não será mais reencarnado, você não precisará sofrer mais. Mas e se não houver a transmigração de almas? Afinal, o próprio Buda ensinou que a alma é uma ilusão. Se você não reencarna, será salvo do sofrimento independentemente do que tiver feito. Sua única morte será total e definitiva.

Epicuro, neste particular, leva vantagem sobre o budismo. Se o objetivo é acabar com o sofrimento, a salvação está garantida a todos os seres vivos, já que todos morrerão. Mas Epicuro também

110 FILOSOFIA FELINA

era contraditório. Se os seres humanos querem se livrar do sofrimento, podem acabar com suas próprias vidas assim que tiverem oportunidade. Estranhamente, o velho sábio não chegou a essa conclusão e só endossava o suicídio em situações extremas.

Os seres humanos podem lutar para serem autodeterminados, como Spinoza sugeriu na sua teoria do *conatus*. Mas podem ficar cansados desse esforço e talvez querer acabar com a própria vida. Ao desistir da autodestruição, muitas pessoas sentiram-se atraídas por filosofias que oferecem a possibilidade do seu desaparecimento como indivíduos com características próprias. Essas podem incluir a submersão em alguma entidade metafísica — uma forma platônica do bem, ou algum tipo de alma universal. Ou filosofias como a de Schopenhauer, que promete dissolver o eu em nada.

Uma boa parte da humanidade acha que ser um indivíduo é difícil. As filosofias da história foram inventadas para aliviar essa dificuldade. Berdiaev sabia que parte da atração exercida pelo comunismo era resultado do alívio que ele trazia à solidão, e o liberalismo de hoje serve ao mesmo propósito. Se você é uma alma separada, distinta e diferente de todas as outras, sua história e seu destino são exclusivamente seus. Se, por outro lado, você está se movendo em direção a algum tipo de unidade humana universal, não se sente mais sozinho. Sua vida faz parte de uma história maior, uma fábula de autorrealização humana coletiva. Mesmo se, como indivíduo, você morre para sempre, o significado da sua vida não é perdido.

Mas nem todos os seres humanos têm medo da morte, e alguns podem querer morrer. Alguns preferiam não ter nascido. Frustrados com sua vida, seu *conatus* prefere se autocancelar. Eles ficariam satisfeitos se sua vida fosse inteiramente apagada.

Thomas Hardy descreveu uma pessoa como essa em seu poema "Tess's Lament" [O lamento de Tess]. O poema pode ser lido como um comentário sobre o romance de Hardy, *Tess dos d'Urbervilles*

(1891), a história de uma camponesa que luta para se afirmar contra suas circunstâncias e acaba sendo enforcada por ter matado o próprio amante. Refletindo sobre sua vida, Tess preferiria apagá-la:

Me cansa pensar nela,
Pensar nela;
Não suporto meu destino como foi escrito,
Quero minha vida cessada;
Faria da minha memória um borrão,
Cada lembrança de mim apodrecida,
Meus feitos como se não tivessem acontecido,
E não deixar rastros de mim![14]

Tess não quer morrer, e sim desaparecer do mundo, como se jamais tivesse existido.

Se os gatos pudessem pensar nas suas vidas, será que eles desejariam não ter vivido? É difícil acreditar nisso. Como não criam histórias sobre as próprias vidas, eles não podem avaliá-las como trágicas ou desejar nunca terem nascido. Eles aceitam a vida como um presente.

Os seres humanos são diferentes. Ao contrário de outros animais, eles se dispõem a morrer por suas crenças. Os monoteístas e os racionalistas veem essa característica como uma marca da nossa superioridade. Ela mostra que vivemos para preservar ideias, não para a satisfação dos nossos instintos. Mas, se os humanos são únicos em sua disposição de morrer por ideias, eles também são únicos em sua inclinação a matar por elas. Matar e morrer por ideias sem sentido foi a maneira como muitos seres humanos pretenderam dar sentido às próprias vidas.

Identificar-se com uma ideia é uma forma de se sentir protegido contra a morte. Assim como os humanos que são possuídos por elas, as ideias nascem e morrem. Embora possam viver por muitas gerações, elas acabam envelhecendo e morrendo. Contudo, na medida em que se encontram tomados por uma ideia, os seres humanos são o que Becker chamou de "ilusões vivas". Ao se identificar com alguma ilusão efêmera, eles podem imaginar-se fora do tempo. Matando os que não compartilham das suas ideias, eles podem acreditar que venceram a morte.

Por serem predadores, os gatos matam para viver. As fêmeas estão prontas a morrer por seus filhotes, e os gatos geralmente arriscam suas vidas para escapar do confinamento. Eles são diferentes dos humanos no sentido de que não matam e morrem com o objetivo de alcançar algum tipo de imortalidade. Não existem guerreiros suicidas felinos. Quando os gatos querem morrer, é porque não querem mais viver.

Wittgenstein escreveu:

> Se entendermos a eternidade não como uma duração temporal infinita, mas como a ausência da contagem de tempo, então aquele que vive no presente vive eternamente.[15]

Por pensarem que podem compreender que suas vidas terão um fim, os seres humanos acreditam que sabem mais sobre a morte do que os outros animais. Mas o que os humanos sabem a respeito da sua futura morte é uma imagem gerada em sua mente pela sua consciência da passagem do tempo. Já os gatos, conhecendo suas vidas somente à medida que as vivem, são mortais imortais que só pensam sobre a morte quando ela já está muito perto deles. Não é difícil entender por que eles chegaram a ser cultuados.

OS GATOS COMO DEUSES

Desfrutando de uma liberdade e felicidade que os humanos nunca conheceram, os gatos são estranhos num mundo humano. Eles são

O TEMPO, A MORTE E A ALMA FELINA

vistos como criaturas "antinaturais" porque vivem de acordo com sua natureza. Como não se encontra vida desse tipo entre humanos, os gatos começaram a ser vistos como demônios ou deuses.

Para entender o culto aos gatos no Egito antigo, é necessário livrar-se de conceitos que parecem ser naturais hoje em dia. Assim escreveu Jaromir Malek:

> A divisão que fazemos instintivamente entre as pessoas e os animais não era tão fortemente percebida, e a categoria "animais" de fato não existia. Em outras palavras, "os seres vivos" incluíam deuses, pessoas e animais. Um tratado teológico registrado na época de Shabako (716-702 a.C.), mas talvez escrito muito antes, por volta do terceiro milênio a.C., descreve como o coração e a língua do deus-criador Ptah estavam presentes em "todos os deuses, todas as pessoas, todo o gado, todos os vermes, tudo o que vive". Assim como as pessoas, os animais eram feitos pelo deus-criador, o adoravam (cada um do seu jeito) e eram cuidados por ele. Em alguns casos excepcionais, seu vínculo com o deus pode inclusive ter sido mais próximo que o dos humanos.[16]

Nosso modo de pensar sobre os povos arcaicos é profundamente influenciado pelos mitos de progresso do século XIX. Em sua história original do Egito antigo, John Romer explica essa mitologia de forma sucinta:

> A mais longa narrativa temporal dos historiadores arqueológicos [do Egito] [...] era um progresso universal pseudoevolucionista, que seguia uma linha reta desde a vida selvagem, passando pela barbárie, até o hotel Ritz.[17]

114 FILOSOFIA FELINA

Nesse mito racionalista, o Egito antigo era uma sociedade entregue ao pensamento mágico. Incapaz de notar a diferença entre sua própria imaginação e o mundo natural, o povo desse tempo perdido apagava as fronteiras entre a vida e a morte, entre os deuses e o governo. Mas isso é uma projeção das nossas próprias ideias e crenças nesses humanos antigos.

Os antigos egípcios não compartilhavam nem um pouco da nossa concepção moderna do que significa ser humano. Os seres humanos não eram únicos por desfrutarem de um prestígio no mundo que os outros animais não tinham. As ideias gregas e romanas que vieram mais tarde, nas quais a mente humana chegava muito perto de uma mente divina, também estavam ausentes. Assim como qualquer ideia de "religião". A moderna separação entre o reino do sagrado e do culto, e a área "secular" da vida cotidiana, não existia. Se alguém perguntasse a um egípcio antigo qual era sua religião, ele não entenderia a questão.

A ideia de um reino sobrenatural, que veio do monoteísmo, tampouco existia. Os egípcios herdaram as tradições animistas nas quais o mundo era povoado por espíritos. Nessas tradições, os seres humanos não eram superiores aos outros animais. Não havia duas ordens distintas de coisas — uma de matérias inanimadas e outra de almas imateriais — mas uma única, que as almas humanas e animais compartilhavam. Muitas das nossas categorias de pensamento fundamentais e aparentemente evidentes estavam ausentes.

Nas filosofias dos últimos séculos, a civilização humana avança em uma marcha majestosa que termina triunfantemente em nós mesmos. As mentalidades arcaicas são suplantadas pelas modernas. Os mitos e rituais dão lugar a explicações científicas e raciocínios pragmáticos. Qualquer ideia de que os gatos sejam animais mágicos só pode pertencer a um passado primitivo.

No entanto, a mente humana não mudou muito desde a antiguidade, e a ideia de que somos bem diferentes dos antigos egípcios é,

O TEMPO, A MORTE E A ALMA FELINA

ela mesma, bastante primitiva. Sabemos muito mais coisas do que eles, exercemos um poder bem maior sobre aspectos do mundo material, mas isso não nos torna menos inclinados à criação de mitos.

Assim que uma ultrapassada mitologia de progresso é deixada para trás, uma visão diferente do culto aos gatos emerge. Os gatos tornaram-se deuses no Egito antigo naturalmente. Eles começaram a interagir e depois a viver com os humanos da mesma forma como tinham feito no oriente próximo.

Por volta de 4000 a.C., gatos selvagens adentraram povoações egípcias e descobriram celeiros que continham ratos e cobras, que eles matavam e comiam. Ao longo dos 2 mil anos seguintes, desenvolveu-se uma simbiose, com os gatos aproveitando a comida sempre disponível e os humanos se beneficiando da redução de pragas. De 2000 a.C. em diante, os gatos foram introduzidos nas habitações e aceitos como companheiros. "Desta forma", escreve Malek, "o gato transformou-se num animal doméstico, ou, para ser mais preciso, autodomesticou-se".[18]

Numa pequena tumba em Abidos, um cemitério do Médio Império localizado no Alto Egito e datado de cerca de 1980-1801 a.C., foram encontrados dezessete esqueletos de gatos junto a uma fileira de pequenos potes que podem ter contido leite originalmente. Se isso for verdade, será o mais antigo exemplo de gatos adultos sendo alimentados dessa forma.[19] Entre 1000 a.C. e 350 d.C., os gatos foram vistos como manifestações de divindades, em particular da deusa Bastet, e eram criados em gatis existentes nos templos. Em 1250 a.C., uma estela (uma pequena placa de pedra com o topo arredondado que era frequentemente disposta na parte de trás dos grandes templos) de dois gatos parece representar Pre (Ra, o deus-sol). A estela contém um poema aparentemente dedicado ao "grande gato" e ao deus-sol:

Louvando o grande gato,
beijando a terra diante de Pre, o grande deus:
Oh presença pacífica, que volta à paz,
você me faz ver as trevas da sua criação.
Ilumine-me para que eu possa ver sua beleza,
volte-se para mim,
oh beldade quando tranquila,
a pacificada que sabe voltar para a paz.[20]

Depois de serem ajudantes domésticos e companheiros, os gatos foram convertidos em símbolos de boa sorte e animais sagrados. Amuletos representando gatos eram usados no corpo ou nas roupas. Na época do Novo Reinado (após 1540 a.C.), os gatos eram representados nas tumbas reais guardando o deus-sol na sua passagem noturna pelo submundo. Nos "livros da vida póstuma" desse período, os gatos são mostrados vigiando os inimigos do deus e postados como sentinelas no derradeiro portão que ele deverá atravessar em sua jornada de volta à vida e à luz. Estatuetas mostravam os gatos junto aos deuses, apoiando-os e guardando-os. Às vezes aparecem seres humanos, ajoelhando-se em adoração diante dos próprios gatos.

Por volta do século IV a.C., um "templo do gato vivo" existia na necrópole de Hermópolis, com um grande cemitério de gatos mumificados nas proximidades. Os gatos não eram os únicos animais mumificados; isso também acontecia com mangustos, íbis, abutres, falcões e crocodilos, por exemplo, além dos humanos, é claro. Mas os gatos eram mumificados em grande quantidade, e já no final do século XIX navios carregados com essas múmias eram enviados à Europa. Quando o mercado ficou saturado, as múmias de gatos passaram a ser usadas como fertilizante ou mesmo como lastro de navios. Dessa forma, muitas delas foram destruídas ou perdidas.

O TEMPO, A MORTE E A ALMA FELINA

Heródoto escreve que, quando uma casa egípcia era atingida por um incêndio, os moradores preocupavam-se mais com seus gatos do que com sua propriedade. Quando um membro de uma delegação romana em visita ao Egito, em 59 a.C., matou um gato por acidente, a população o linchou, apesar da intervenção do rei. E o sábio egípcio Ankhsheshonq advertiu: "Não se ria de um gato."[21]

Os gatos tiveram má reputação entre os monoteístas: o teólogo cristão do século II, Clemente de Alexandria, já atacava os egípcios por terem gatos em seus templos. Mas algumas tradições teístas eram mais respeitosas: o frade católico italiano São Francisco de Assis (1182-1226) acreditava que o amor à criação de Deus incluía o amor por todas as criaturas de Deus; a lei judaica contém regras exigindo que os animais sejam tratados com compaixão, incluindo um mandamento antigo de 3 mil anos de que os animais domésticos têm direito a um dia de repouso. Conta-se que o profeta Maomé cortou a manga da sua roupa para não perturbar um gato que dormia sobre ela, enquanto o sultão Baibars (por volta de 1223-77 d.C.) legou um jardim, no Cairo, como um abrigo para gatos de rua.

Os gatos eram muitas coisas no Egito antigo: às vezes companheiros de seres humanos quando estes atravessavam para uma outra vida, outras vezes manifestações dos deuses, outras vezes ainda protetores dos deuses. Que eles pudessem ser todas essas coisas ao mesmo tempo é um testemunho da sutileza da mente egípcia arcaica. Mas também demonstra a presença dos próprios gatos. Os gatos simbolizavam uma afirmação da vida num mundo preocupado com os mortos. A religião egípcia reagia à perspectiva da morte preparando a vida em outro mundo, mas precisava dos gatos para manter a sensação de estar vivo num reino além-túmulo. Como só conhecem a vida, até chegarem perto de morrerem, os gatos não são guiados pela morte. Os egípcios tinham boas razões para querer que gatos os acompanhassem em sua jornada no submundo.

Quando se tratava de morte, seres humanos e gatos estavam no mesmo barco. No Egito antigo, ninguém acreditava que os humanos têm alma enquanto os gatos não a têm. Mas, se a alma resta intocada depois da morte, a alma felina é mais próxima da imortalidade do que a alma humana jamais será.

6

Os gatos e o sentido da vida

Se os gatos pudessem entender a procura humana por um sentido, eles ronronariam de prazer diante desse absurdo. A vida como o gato que eles por acaso são é um sentido suficiente para eles. Os seres humanos, por outro lado, não conseguem deixar de buscar um sentido além da sua vida.

A procura por um sentido resulta da consciência da morte, que é um produto da autoconsciência humana. Com medo do fim da própria vida, os seres humanos inventaram as religiões e filosofias nas quais o sentido das suas vidas continuava depois do seu desaparecimento. Mas o sentido que os humanos constroem é facilmente demolido, o que faz com que eles vivam com ainda mais medo do que antes. As histórias que inventaram para si mesmos os dominam, e eles passam seus dias tentando ser o personagem que inventaram. Suas vidas não pertencem a eles mesmos, e sim a um personagem criado pela sua imaginação.

Uma das consequências deste modo de vida é que os seres humanos podem ser sujeitos a fixações quando sua história se desintegra. Eles podem perder seres amados, ver sua própria vida em perigo ou serem forçados a deixar suas casas. Os que fazem da sua vida uma história trágica são aqueles que precisam lidar com experiências de perda irremediável. Mas essa é uma forma de lidar que cobra um alto custo. Pensar que sua vida é uma tragédia pode lhes emprestar algum sentido, mas os amarra aos seus sofrimentos.

Os gatos podem passar por sofrimentos terríveis e suas vidas podem ser brutalmente encurtadas. A vida de Mèo incluiu muitos horrores e, quando suas lembranças traumáticas eram reativadas, ele os revivia. Gattino sofreu no início e possivelmente também no fim da sua vida. Ambos os gatos conheceram muitas dores, mas nenhum deles fez disso uma tragédia. Apesar do sofrimento, eles viveram sem medo e com alegria. Os humanos serão capazes de viver assim? Ou a humanidade é frágil demais para uma vida como essa?

A NATUREZA FELINA, A NATUREZA HUMANA

São muitos os que gostariam de eliminar definitivamente a ideia de natureza humana do dicionário. Os seres humanos se criam por si mesmos, eles dizem. Ao contrário de outros animais, eles podem decidir ser o que quiserem. Falar de natureza humana é uma maneira de acabar com essa liberdade e deixar que os seres humanos sejam guiados pelo poder de normas arbitrárias.

Isso é chamado de pós-modernismo, é promovido por pensadores como Jean Baudrillard e Richard Rorty, e teve várias encarnações. Tal como preconizado pelo jovem Jean-Paul Sartre, o existencialismo era a ideia de que os seres humanos não possuem uma natureza, mas, apenas histórias que eles criam para si mesmos. Os românticos queriam que cada vida humana fosse uma obra de arte, criada — como as melhores obras de arte, segundo acreditavam — a partir de nada. Mas, se os humanos foram, como os outros seres vivos, gerados aleatoriamente pela evolução, como poderiam criar suas próprias naturezas? É verdade que o animal humano configura uma natureza artificial para si mesmo. Isso é

OS GATOS E O SENTIDO DA VIDA

parte do que Pascal quer dizer quando escreve: "O hábito é uma segunda natureza que destrói a primeira. Mas o que é a natureza? Por que o hábito não seria natural? Temo seriamente que a própria natureza seja apenas um primeiro hábito, assim como o hábito é uma segunda natureza."[1] Mas essa segunda natureza pode ser mais superficial do que Pascal acreditava.

O escritor russo Varlam Shalamov, que sobreviveu durante quinze anos em *gulags* árticos, onde as temperaturas ficavam rotineiramente abaixo dos 50 graus centígrados e a expectativa média de vida era de cerca de três anos, observou que algumas semanas de frio extremo, fome, trabalhos forçados e espancamentos eram suficientes para destruir a humanidade de qualquer ser humano. Com exceção de alguns exemplos isolados de gentileza, não há nada na narrativa de Shalamov que lembre a resiliência do "espírito humano". Só criaturas não humanas demonstram alguma boa vontade: os ursos e os pássaros que atraíam os tiros dos caçadores para que seus parceiros pudessem escapar, os cães husky que protegiam os prisioneiros e rosnavam para os guardas, e os gatos que ajudavam os condenados a pegar alguns peixes.

Os seres humanos perdem rapidamente sua humanidade, ao passo que os gatos nunca deixam de ser gatos. Mas, se a natureza que os seres humanos creem possuir é composta de hábitos que podem ruir em semanas, o que sobra nos seres humanos que é verdadeiramente só deles?

Ao contrário do que pensam os pós-modernistas, existe uma natureza humana. Ela se exprime na demanda universal por um sentido, para começar. Mas essa natureza produziu muitas formas de vida divergentes e por vezes antagônicas. Como é possível alguém conhecer sua própria natureza, quando sabemos que a natureza humana é tão contraditória? Será que a ideia de que cada um de nós possui uma natureza própria pode ser apenas mais uma ficção metafísica?

A verdade na ficção da natureza individual é que a vida boa para cada um de nós não é escolhida, mas encontrada. Mesmo quando ela resulta de decisões que achamos que tomamos, nossas experiências não são determinadas por nós. A vida boa não é aquela que queremos, e sim aquela com a qual nos sentimos satisfeitos. Despojada de toda a metafísica, essa é a ideia de *conatus* e da crença taoista de que devemos seguir o caminho dentro de nós.

Nisso somos idênticos a todas as outras criaturas. Os seres humanos não se colocam acima ou abaixo dos demais animais. Não existe uma escala de valores cósmica, nenhuma grande corrente de evolução, nenhum padrão externo que sirva para julgar o valor de uma vida. Os humanos são humanos, os gatos são gatos. A diferença é que, enquanto os gatos não têm nada a aprender conosco, nós podemos aprender com eles maneiras de aliviar o peso que resulta de sermos humanos.

Um dos pesos dos quais podemos nos livrar é a ideia de que pode existir uma vida perfeita. Não é que nossas vidas sejam obrigatoriamente imperfeitas. Elas são mais ricas do que qualquer ideia de perfeição. A vida boa não é uma vida que poderíamos ter tido ou ainda podemos vir a ter, mas a vida que já temos. Nesse particular, os gatos podem ser nossos professores, porque eles não sentem falta da vida que não viveram.

DEZ SUGESTÕES FELINAS PARA VIVER BEM

Os gatos não têm interesse em ensinar aos humanos como viver, mas, se tivessem, não o fariam emitindo mandamentos. Ainda assim, é possível imaginar que os gatos poderiam nos dar algumas ideias sobre como viver de modo menos desastrado. É óbvio que eles não esperariam que fôssemos seguir seus conselhos. Eles ofereceriam suas sugestões só de brincadeira, como uma forma de diversão para eles e para os humanos que as recebessem.

1. Nunca tente convencer os humanos a serem razoáveis

Tentar persuadir seres humanos a serem racionais é como tentar ensinar os gatos a serem veganos. Os seres humanos só usam a razão para reforçar as ideias nas quais querem acreditar, e raramente para verificar se suas ideias são verdadeiras. Isso é triste, mas infelizmente não há nada que você nem ninguém possa fazer a respeito. Se a irracionalidade humana o frustra ou o coloca em perigo, fuja.

2. É uma tolice reclamar que você não tem tempo suficiente

Se você acha que não tem tempo suficiente, é porque não sabe como usar seu tempo. Faça o que serve aos seus objetivos e o que gosta de fazer, sem outros compromissos. Viva dessa forma, e você terá tempo mais que suficiente.

3. Não busque sentido no seu sofrimento

Se você se sente infeliz, pode encontrar satisfação no seu sofrimento, mas corre o risco de fazer disso o sentido da sua vida. Não fique preso ao seu sofrimento e evite os que o fazem.

4. É melhor sentir indiferença pelos outros do que achar que você tem de amá-los

Poucos ideais nos fazem tanto mal quanto o do amor universal. É melhor cultivar a indiferença, que pode se transformar em gentileza.

5. Esqueça a busca da felicidade e talvez você a encontre

Você não encontrará a felicidade correndo atrás dela, já que não sabe o que vai fazê-lo feliz. Em vez disso, faça o que acha mais interessante e você ficará feliz sem saber nada sobre a felicidade.

6. A vida não é uma história

Se você acha que sua vida é uma história, será tentado a escrevê-la até o fim. Mas você não sabe como sua vida vai terminar, nem o que vai acontecer antes que ela termine. Seria melhor jogar fora o roteiro. Vale mais a pena viver uma vida não roteirizada do que qualquer história que você possa inventar.

7. Não tenha medo do escuro, porque muitas coisas preciosas são encontradas à noite

Você foi ensinado a pensar antes de agir, e este costuma ser um bom conselho. Agir de acordo com o que você sente no momento pode ser apenas obedecer a filosofias gastas que você aceitou sem pensar. Mas às vezes é melhor seguir uma vaga ideia que brilha na escuridão. Você nunca sabe aonde ela poderá levá-lo.

8. Durma pelo prazer de dormir

Dormir para que você possa trabalhar mais duramente depois de acordar é uma forma miserável de viver. Durma pelo prazer, não pela obrigação.

9. Cuidado com quem se oferece para fazê-lo feliz

Aqueles que se oferecem para fazê-lo feliz o fazem com o objetivo de se sentir menos infelizes. Seu sofrimento é necessário para eles, já que sem ele eles teriam menos razões para viver. Desconfie das pessoas que dizem viver para as outras.

10. Se você não é capaz de aprender a viver um pouco mais como um gato, volte sem se lamentar para o mundo humano da diversão

Viver como um gato significa não querer nada além da vida que você tem. Isso quer dizer viver sem consolos, e isso pode ser muito pesado para você carregar. Se for este o caso, adote alguma religião fora de moda, de preferência uma que tenha muitos rituais. Se não consegue encontrar uma fé que se ajuste a você, perca-se na vida comum. A emoção e as decepções do amor romântico, a corrida atrás do dinheiro e da ambição, os enigmas da política e a estridência das notícias logo eliminarão qualquer sentimento de vazio.

MÈO NO PARAPEITO DA JANELA

Um filósofo felino não encorajaria os seres humanos a buscarem a sabedoria. Se você não sente prazer na própria vida, encontre satisfação na instabilidade e na ilusão. Não lute contra os medos da morte. Deixe-os desaparecer aos poucos. Se você deseja tranquilidade, estará sempre no meio de um turbilhão. Em vez de virar as costas para o mundo, volte-se para ele e aceite sua loucura.

Você pode querer se voltar para si mesmo de vez em quando. Olhar para o mundo sem lutar para caber nas nossas histórias é o que muitas tradições chamam de contemplação. Quando vemos as coisas sem querer mudá-las, elas podem nos dar um vislumbre da eternidade. Cada momento é completo, e a cena mutante se revela para nós como se estivesse fora do tempo. A eternidade não é uma outra ordem das coisas, e sim o mundo visto sem ansiedade.

Para os humanos, a contemplação é uma pausa na vida; para os gatos, é a própria sensação de estar vivos. Mèo viveu sempre em perigo e passava muitas horas encarapitado precariamente no parapeito da janela. Ele não buscava sentido no mundo que via lá embaixo. Os gatos nos mostram que a procura de um sentido é como a busca da felicidade, uma distração. O sentido da vida é um toque, uma fragrância, que nos chega por acaso e desaparece de repente.

Agradecimentos

Simon Winder, meu editor na Penguin, me estimulou constantemente. Seus comentários, assim como os da sua colega Eva Hodgkin, aprimoraram imensamente o texto. Tracy Bohan, minha agente na Wylie Agency, junto com sua colega Jennifer Bernstein me apoiaram e me ajudaram maravilhosamente desde a concepção do livro. Adam Phillips instigou meus pensamentos a respeito dos temas tratados no livro durante muitos anos, e seus comentários foram valiosos. As conversas com Bryan Appleyard, Robert Colls, Michael Lind, Paul Schutze, Geoffrey Smith, Sheila Stevens e Marina Vaizey me ajudaram a escrevê-lo.

Quatro gatos deram sua indispensável contribuição. Duas irmãs burmesas, Sophie e Sarah, e dois irmãos birmaneses, Jamie e Julian, foram companheiros queridos durante um período de quase trinta anos. Julian já tinha 23 anos e ainda curtia a vida enquanto eu escrevia o livro.

Como sempre, dirijo minha gratidão mais profunda à minha esposa Mieko, sem a qual nada disso teria acontecido.

John Gray

Notas

1. Os gatos e a filosofia

1. Analisei essa visão racionalista da religião em *Seven Types of Atheism* (Londres: Penguin Books, 2019), pp. 9-14. [Edição em português: *Sete tipos de ateísmo* (Rio de Janeiro: Record, 2021).]

2. Arthur Schopenhauer, *The World as Will and Representation*, vol. 1, traduzido por E. F. J. Payne (Nova York: Dover Publications, 1966), pp. 482-3. [Edição em português: *O mundo como vontade e como representação* (São Paulo: Unesp, 2015).]

3. Ver Peter Godfrey-Smith, *Other Minds: The Octopus and the Evolution of Intelligent Life* (Londres: William Collins, 2017), Capítulo 4, "From White Noise to Consciousness", pp. 77-105. [Edição em português: *Outras mentes*: O polvo e a origem da consciência (São Paulo: Todavia, 2019).]

4. Abordo as ideias de evolução cósmica em *The Immortalization Commission: The Strange Quest to Cheat Death* (Londres: Penguin Books, 2012), pp. 213-19. [Edição em português: *A busca pela imortalidade*: A obsessão humana em ludibriar a morte (Rio de Janeiro: Record, 2014).]

5. Para a visão de que os humanos podem ser os únicos seres conscientes no cosmos, ver James Lovelock, *Novacene*: *The Coming Age of Hyperintelligence* (Londres: Allen Lane, 2019), pp. 3-5. [Edição em português: *Novaceno*: O advento da era da hiperinteligência (Lisboa: Edições 70, 2020).]

6. Michel de Montaigne, *An Apology for Raymond Sebond*, traduzido e editado por M. A. Screech (Londres: Penguin Books, 1993), p. 17. [Edição em português: *Os ensaios* (São Paulo: Penguin-Companhia, 2010).]

130 FILOSOFIA FELINA

7. Montaigne, *Apology for Raymond Sebond*, pp. 16-17.

8. Sextus Empiricus, *Outlines of Scepticism*, editado por Julia Anna e Jonathan Barnes (Cambridge: Cambridge University Press, 2000), pp. 5-6.

9. Montaigne, *An Apology for Raymond Sebond*, p. 53.

10. Montaigne, *An Apology for Raymond Sebond*, p. 54.

11. Para a ideia de Wittgenstein de uma filosofia/antifilosofia homeopática, ver K. T. Fann, *Wittgenstein's Conception of Philosophy* (Singapura: Partridge Publishing, 2015). Em um Apêndice, Fann explora algumas afinidades entre os trabalhos mais tardios de Wittgenstein e o taoismo (ver pp. 99-114). O ceticismo de Montaigne em relação à filosofia é explicado em Hugo Friedrich, *Montaigne*, editado com uma introdução por Philippe Desan, traduzido por Dawn Eng (Berkeley: University of California Press, 1991), pp. 301-9.

12. John Laurence, *The Cat from Hué: A Vietnam War Story* (Nova York: PublicAffairs, 2002), p. 23.

13. Laurence, *The Cat from Hué*, p. 496.

14. Laurence, *The Cat from Hué*, p. 489.

15. Laurence, *The Cat from Hué*, p. 485.

16. Laurence, *The Cat from Hué*, pp. 491, 498-9.

17. Laurence, *The Cat from Hué*, p. 498.

18. Laurence, *The Cat from Hué*, p. 820.

19. Laurence, *The Cat from Hué*, p. 822.

20. Laurence, *The Cat from Hué*, p. 822.

21. Para um relato rigoroso da domesticação dos gatos, ver Abigail Tucker, *The Lion in the Living Room: How House Cats Tamed Us and Took Over the World* (Nova York e Londres: Simon and Schuster, 2016), pp. 31-5.

22. Tucker, *The Lion in the Living Room*, p. 32.

23. Tucker, *The Lion in the Living Room*, p. 47.

24. Elizabeth Marshall Thomas, *The Tribe of Tiger: Cats and Their Culture*, com ilustrações de Jared Taylor Williams (Londres: Orion Books, 1995), p. 3.

NOTAS

25. Ver Peter P. Marra e Chris Santella, *Cat Wars: The Devastating Consequences of a Cuddly Killer* (Princeton: Princeton University Press, 2016), p. 19.
26. Carl Van Vechten, *The Tiger in the House* (Nova York: Dover Publications, 1995), p. 75.
27. Keith Thomas, *Man and the Natural World: Changing Attitudes in England 1500-1800* (Londres: Allen Lane, 1983), pp. 109-10. [Edição em português: *O homem e o mundo natural*: Mudanças de atitude em relação às plantas e aos animais, 1500-1800 (São Paulo: Companhia das Letras, 2010).]
28. Robert Darnton, *The Great Cat Massacre and Other Episodes in French Cultural History* (Nova York: Basic Books, 2009), p. 96. [Edição em português: *O grande massacre de gatos* (Rio de Janeiro: Paz e Terra, 2011).]
29. Van Vechten, *The Tiger in the House*, pp. 74-5.

2. Por que os gatos não lutam para serem felizes

1. George Santayana, *Three Philosophical Poets: Lucretius, Dante, Goethe* (Nova York: Doubleday, Anchor Books, 1953), p. 183.
2. Marcus Aurelius, *Meditations*, traduzido por A. S. L. Farquharson (Oxford: Oxford University Press, 2008), p. 13. [Edição em português: *Meditações de Marco Aurélio* (São Paulo: Edipro, 2019).]
3. Joseph Brodsky, "Homage to Marcus Aurelius", em Joseph Brodsky, *On Grief and Reason: Essays* (Londres: Penguin Books, 2011), p. 245.
4. Seneca, *Epistles 66-92*, traduzido por Richard M. Gummere (Cambridge e Londres: Harvard University Press, 2006), pp. 177, 179, 181. [Edição em português: *Cartas de um estoico*: Um guia para a vida feliz, Vol. II, Cartas 66 a 92 (São Paulo: Montecristo, 2021).]
5. Blaise Pascal, *Pensées*, traduzido com uma introdução por A. J. Krailsheimer (Londres: Penguin Books, 1966), p. 66. [Edição em português: *Pensamentos* (São Paulo: WMF Martins Fontes, 2005).]

132 FILOSOFIA FELINA

6. Pascal, *Pensées*, pp. 67-8.

7. Pascal, *Pensées*, pp. 39, 41.

8. Michel de Montaigne, "On diversion", em Michel de Montaigne, *The Complete Essays*, traduzido por M. A. Screech (Londres: Penguin Books, 2003), p. 941. [Edição em português: "Sobre a diversão", em *Os ensaios* (São Paulo: Penguin-Companhia, 2010).]

9. Montaigne, *The Complete Essays*, "On affectionate relationships", pp. 205-19. [Edição em português: "Sobre a amizade", em *Os ensaios* (São Paulo: Penguin-Companhia, 2010).]

10. Pascal, *Pensées*, p. 59.

11. Pascal, *Pensées*, "The Memorial", pp. 309-10.

12. Pascal, *Pensées*, p. 60.

13. Pascal, *Pensées*, p. 44.

14. Para Pascal's Wager, ver *Pensées*, pp. 149-55. [Edição em português: A aposta de Pascal, em *Pensamentos* (São Paulo: WMF Martins Fontes, 2005).]

15. Pascal, *Pensées*, p. 274.

16. Pascal, *Pensées*, p. 95.

17. James Boswell, *Life of Johnson*, editado por R. W. Chapman (Oxford: Oxford University Press, 1980), p. 368.

18. Samuel Johnson, *The History of Rasselas*, *Prince of Abissinia*, editado por Thomas Keymer (Oxford: Oxford University Press, 2009), p. 42. [Edição em português: *A história de Rasselas, príncipe da Abissínia* (São Paulo: É Realizações, 2019).]

19. Christopher Smart, "For I will consider my Cat Jeoffry". Presente em diversas antologias e disponível em The Sophisticated Cat, editado por Joyce Carol Oates e Daniel Halpern (Londres: Pan Books, 1994), pp. 61-4.

20. Johnson, *The History of Rasselas*, p. 93.

NOTAS   133

3. A ética felina

1. Pascal, *Pensées*, p. 47.
2. Ver Alasdair MacIntyre, *After Virtue: A Study in Moral Theory*, terceira edição (Londres: Bloomsbury Academic, 2007), pp. 27-41. [Edição em português: *Depois da virtude*: Um estudo sobre teoria moral (Florianópolis: Edusc, 2001).]
3. Ver Bernard Williams, *Ethics and the Limits of Philosophy* (Londres: Routledge, 2011), Capítulo 10, "Morality, the Peculiar Institution", pp. 193-218.
4. Aristotle, *History of Animals*, traduzido por D'Arcy Wentworth Thompson (Whitefish: Kessinger Publishers, 2004).
5. Para a boa vida entre os golfinhos, ver Alasdair MacIntyre, *Dependent Rational Animals*: *Why Human Beings Need the Virtues* (Londres: Duckworth, 1999), pp. 23-6.
6. Ver A. C. Graham, *Disputers of the Tao: Philosophical Argument in Ancient China* (La Salle: Open Court, 1989), pp. 13-14, 191-2.
7. O fracasso de Darwin em insistir consistentemente em sua teoria da seleção natural como um processo sem objetivo é discutido em meu livro *Seven Types of Atheism* (Londres: Penguin Books, 2019), pp. 54-5. [Edição em português: *Sete tipos de ateísmo* (Rio de Janeiro, Record, 2007).]
8. Ver meu livro *Straw Dogs: Thoughts on Humans and Other Animals* (Londres: Granta Books, 2002). [Edição em português: *Cachorros de palha: Reflexões sobre humanos e outros animais* (Rio de Janeiro, Record, 2007).]
9. Antonio Damasio, *Looking for Spinoza* (Londres: Vintage Books, 2004), pp. 170-71. [Edição em português: *Em busca de Espinosa* (São Paulo: Companhia das Letras, 2004).]. Para um debate esclarecedor sobre a unidade mente/corpo, ver também o livro de Damasio *Self Comes to Mind: Constructing the Conscious Brain* (Nova York: Pantheon Books, 2010).
10. Stuart Hampshire, "Spinoza and the Idea of Freedom", em *Spinoza: A Collection of Critical Essays*, editado por Marjorie Greene (Garden

City: Anchor Press/Doubleday, 1973), pp 303-4. Reimpresso em Stuart Hampshire, *Spinoza and Spinozism* (Oxford: Clarendon Press, 2005), pp. 182-4.

11. Hampshire, "Spinoza and the Idea of Freedom", p. 312.

12. Ver Daniel M. Wegner, *The Illusion of Conscious Will* (Londres: MIT Press, 2002).

13. Hampshire, *Spinoza and Spinozism*, p. 13.

14. Hampshire, *Spinoza and Spinozism*, p. 13.

15. Spinoza, *Ethics; and Treatise on the Correction of the Intellect*, traduzido por Andrew Boyle, revisado por, e com introdução e notas de, G. H. R. Parkinson (Londres: J. M. Dent, 1993), pp. 172-3. [Edição em português: Ética (Belo Horizonte: Autêntica, 2009).]

16. Thomas Hobbes, *Leviathan*, editado e com introdução e notas de J. C. A. Gaskin (Oxford: Oxford University Press, 2008), p. 66. [Edição em português: *Leviatã, ou Matéria, forma e poder de um estado eclesiástico e civil* (São Paulo: Edipro, 2015).]

17. Spinoza, *Ethics; and Treatise on the Correction of the Intellect*, p. 89.

18. Spinoza, *Ethics; and Treatise on the Correction of the Intellect*, p. 183.

19. Ver Stephen Lukashevich, *Konstantin Leontev (1831-1891): A Study in Russian "Heroic Vitalism"* (Nova York: Pageant Press, 1967), Capítulo V.

20. Critiquei as teorias de altruísmo real em "How & How Not to be Good", *New York Review of Books*, 21 de maio de 2015, reimpresso sob o título "How Not to Be Good: Peter Singer on Altruism", em *Gray's Anatomy: Selected Writings*, nova edição (London: Penguin Books, 2016), pp. 482-91.

21. Philip Kitcher, *The Ethical Project* (Cambridge: Harvard University Press, 2011), p. 7.

22. Paul Wienpahl, *The Radical Spinoza* (Nova York: New York University Press, 1979), pp. 89-90.

23. John Wetlesen, *The Sage and the Way: Spinoza's Ethics of Freedom* (Assen: Van Gorcum, 1979), p. 317.

NOTAS

24. Atsuko Saito, Kazutaka Shinozuka, Yuki Ito e Toshikazu Hasegawa, "Domestic cats (Felis catus) discriminate their names from other words", *Scientific Reports* 9 (5394), 4 de abril de 2019.

25. Para um exame esclarecedor da atenção e distração, ver Adam Phillips, *Attention Seeking* (London: Penguin Books, 2019).

26. Ver Eugen Herrigel, *Zen in the Art of Archery: Training the Mind and Body to Become One*, traduzido por R. F. C. Hull (Londres: Penguin Books, 2004). [Edição em português: *A arte cavalheiresca do arqueiro zen* (São Paulo: Pensamento, 2011).]

4. Amor humano *versus* amor felino

1. Judith Thurman, *Secrets of the Flesh: A Life of Colette* (Londres: Bloomsbury, 1999), p. 397.

2. Colette, "The Cat", em Colette, *Gigi and The Cat*, traduzido por Roger Senhouse (Londres: Vintage Books, 2001), p. 108.

3. Colette, "The Cat", p. 155.

4. Colette, "The Cat", p. 157.

5. J. R. Ackerley, *My Dog Tulip* (Nova York: New York Review of Books, 2011).

6. Andrew Wilson, *Beautiful Shadow: A Life of Patricia Highsmith* (Londres: Bloomsbury, 2003), p. 333.

7. Para algumas observações profundas sobre a fidelidade felina, ver Jeffrey Masson, *The Nine Emotional Lives of Cats: a Journey into the Feline Heart* (Londres: Vintage, 2003), 53-59.

8. Wilson, *Beautiful Shadow*, pp. 331, 332, 267.

9. Wilson, *Beautiful Shadow*, p. 331.

10. Wilson, *Beautiful Shadow*, p. 331.

11. Wilson, *Beautiful Shadow*, p. 331.

12. Patricia Highsmith, "Ming's Biggest Prey", em seu *The Animal-Lover's Book of Beastly Murder* (Londres: Penguin Books, 1979), pp. 57-8.

136   FILOSOFIA FELINA

13. Highsmith, "Ming's Biggest Prey", p. 67.

14. Highsmith, "Ming's Biggest Prey", p. 68.

15. Ver Patricia Highsmith, *Zeichnungen* (Zurique: Diogenes, 1995).

16. Germaine Brée, *Marcel Proust and Deliverance from Time* (Londres: Chatto and Windus, 1956), pp. 99-100.

17. Junichirō Tanizaki, *In Praise of Shadows*, traduzido por Thomas J. Harper e Edward G. Seidensticker (Londres: Vintage Books, 2001), p. 46. [Edição em português: *Em louvor da sombra* (São Paulo: Penguin-Companhia, 2017).]

18. Tanizaki, *In Praise of Shadows*, p. 20.

19. Tanizaki, *In Praise of Shadows*, p. 20.

20. Junichirō Tanizaki, *A Cat, a Man, and Two Women*, traduzido por Paul McCarthy (Londres: Daunt Books, 2017), pp. 4-5. [Edição em português: *A gata, um homem e duas mulheres* (São Paulo: Estação Liberdade, 2016).]

21. Tanizaki, *A Cat, a Man, and Two Women*, pp. 103-4.

22. Tanizaki, *A Cat, a Man, and Two Women*, p. 120.

23. O ensaio de Mary Gaitskill foi inicialmente publicado na revista *Granta*, número 107, em 2009, e depois republicado na sua coletânea de ensaios *Somebody with a Little Hammer* (Nova York: Vintage Books, 2018), pp. 131-79.

24. Ver Paul Sehgal, "Mary Gaitskill and the Life Unseen", *The New York Times*, 2 de novembro de 2015.

25. Mary Gaitskill, *This is Pleasure* (Londres: Serpent's Tail, 2019).

26. Gaitskill, "Lost Cat: A Memoir", em *Somebody with a Little Hammer*, p. 134.

27. Gaitskill, "Lost Cat", p. 131.

28. Gaitskill, "Lost Cat", p. 135.

29. Gaitskill, "Lost Cat", pp. 135-6.

30. Gaitskill, "Lost Cat", p. 136-7.

31. Gaitskill, "Lost Cat", p. 137.

32. Gaitskill, "Lost Cat", p. 138.

NOTAS   137

33. Gaitskill, "Lost Cat", p. 137.

34. Gaitskill, "Lost Cat", p. 138.

35. Gaitskill, "Lost Cat", p. 146.

36. Gaitskill, "Lost Cat", pp. 149-51.

37. Gaitskill, "Lost Cat", p. 151.

38. Gaitskill, "Lost Cat", p. 154.

39. Gaitskill, "Lost Cat", p. 173.

40. Gaitskill, "Lost Cat", p. 171.

41. Gaitskill, "Lost Cat", p. 158.

42. Gaitskill, "Lost Cat", pp. 162-3.

43. Gaitskill, "Lost Cat", p. 179.

44. Mary Gaitskill, "Victims and Losers: A Love Story", em *Somebody with a Little Hammer*, p. 82.

5. O tempo, a morte e a alma felina

1. Nicolas Berdyaev, *Self-Knowledge: An Essay in Autobiography*, traduzido por Katharine Lampert (San Rafael: Semantron Press, 2009), pp. 319-20, 323.

2. Para um relato brilhante da deportação, por Lenin, da *intelligentsia* russa, ver Lesley Chamberlain, *The Philosophy Steamer: Lenin and the Exile of the Intelligentsia* (Londres: Atlantic Books, 2006). [Edição em português: *A guerra particular de Lenin*: A deportação da intelectualidade russa pelo governo bolchevique (Rio de Janeiro, Record, 2008).]

3. Berdyaev, *Self-Knowledge*, pp. 191-2.

4. Doris Lessing, *On Cats* (Londres: HarperCollins, 2008), pp. 86-7. [Edição em português: *Sobre gatos* (Belo Horizonte: Autêntica, 2007).]

5. Lessing, *On Cats*, pp. 97-8.

6. Felipe Fernández-Armesto, *Out of Our Minds: What We Think and How We Came to Think It* (Londres: Oneworld Publications, 2019), pp. 35-7.

7. A longa conversa entre Sam Keen e Ernest Becker foi publicada como "The heroics of everyday life: a theorist of death confronts his own end", *Psychology Today*, abril de 1974.

8. Ernest Becker, The Denial of Death (Londres: Souvenir Press, 2011, reimpresso em 2018), p. 199. [Edição em português: *A negação da morte* (Rio de Janeiro: Record, 1991).]

9. Becker, *The Denial of Death*, p. 201.

10. Ernest Becker, *Escape from Evil* (Nova York: The Free Press, 1975), pp. 113-14.

11. Para uma narrativa detalhada do bolchevismo como uma ideologia da imortalidade, ver meu livro *The Immortalization Commission: The Strange Quest to Cheat Death* (Londres: Penguin Books, 2012).

12. Ver Gray, *The Immortalization Commission*, pp. 213-16.

13. Comento a busca da mortalidade no budismo em *Straw Dogs: Thoughts on Humans and Other Animals* (Londres: Granta Books, 2002), pp 129-30. [Edição em português: *Cachorros de palha*: Reflexões sobre humanos e outros animais (Rio de Janeiro: Record, 2005).]

14. "Tess's Lament", em *Thomas Hardy: Selected Poetry*, editado com introdução e notas por Samuel Hynes (Oxford: Oxford University Press, 1996), p. 40.

15. Ludwig Wittgenstein, *Tractatus Logico-Philosophicus*, traduzido por C. K. Ogden, com uma introdução por Bertrand Russell (Nova York: Dover Publications, 1999), seção 6.4311, p. 106. [Edição em português: *Tractatus Logico-Philosophicus*]

16. Jaromir Malek, *The Cat in Ancient Egypt* (Londres: British Museum Press, 2017), pp. 75-6.

17. John Romer, *A History of Ancient Egypt from the First Farmers to the Great Pyramid* (Londres: Penguin Books, 2013), p. XIX.

18. Malek, *The Cat in Ancient Egypt*, p. 55.

19. Malek, *The Cat in Ancient Egypt*, p. 51.

20. Malek, *The Cat in Ancient Egypt*, p. 89.

21. Malek, *The Cat in Ancient Egypt*, pp. 75, 100.

6. Os gatos e o sentido da vida

1. Blaise Pascal, *Pensées*, traduzido com uma introdução por A. J. Krailsheimer (Londres, Penguin Books, 1966), p. 61. [Edição em português: *Pensamentos* (São Paulo: WMF Martins Fontes, 2005).]

Este livro foi composto na tipografia Sabon Lt Pro,
em corpo 11,5/16, e impresso em
papel off-white no Sistema Cameron da
Divisão Gráfica da Distribuidora Record.